# Das 360°-Feedback

# Schriftenreihe ORGANISATION & PERSONAL

Band 9                    herausgegeben von Oswald Neuberger

Oswald Neuberger

# Das 360°-Feedback

## Alle fragen? Alles sehen? Alles sagen?

Rainer Hampp Verlag     München und Mering     2000

Die Deutsche Bibliothek - CIP-Einheitsaufnahme

**Neuberger, Oswald:**
Das 360°-Feedback : Alle fragen? Alles sehen? Alles sagen?/ Oswald
Neuberger. - München ; Mering : Hampp, 2000
  (Schriftenreihe Organisation & Personal ; Bd. 9)
  ISBN 3-87988-440-4


Schriftenreihe ORGANISATION & PERSONAL: ISSN 0936-7942

*Liebe Leserinnen und Leser!*
*Wir wollen Ihnen ein gutes Buch liefern. Wenn Sie aus irgendwelchen*
*Gründen nicht zufrieden sind, wenden Sie sich bitte an uns.*

∞     *Dieses Buch ist auf säurefreiem und chlorfrei gebleichtem Papier gedruckt.*

© 2000     Rainer Hampp Verlag       München und Mering
            Meringerzeller Str. 16     D - 86415 Mering

            Internet: http://www.hampp.de

Inhaltsverzeichnis ................................................................Seite

I

II

"Das 'Personnel Journal' gab sich optimistisch. Auf die Frage, ob Mitarbeiter künftig ihre Vorgesetzten beurteilen sollten, antwortete ein Autor des US-Fachblatts ohne Umschweife: 'Es wird Zeit.' ... 'Die Methode mag noch nicht verbreitet sein', so sein Resümee, 'aber sie wird kommen'. Das war im Winter 1944."

(Rieker 1994, 181)

# 0.  Zusammenfassung in Thesen

Es kommt nicht darauf an, was beurteilt wird, sondern dass beurteilt wird. Die vorgegebenen Beurteilungsmerkmale sind weniger wichtig. Sie werden ohnehin von den verschiedenen Beurteilenden sehr unterschiedlich verstanden. Man muss sich auf sie einigen. Wie schwierig das ist, zeigt sich bei Rückmeldegesprächen und Workshops zur Ergebnisinterpretation und Maßnahmenplanung.

Das Wissen, dass man beurteilt werden wird, hat eine vorbeugende Wirkung. Man lernt was von einem erwartet wird und kann sich stärker bemühen, in den beurteilten Aspekten nicht schlecht abzuschneiden. Das geht natürlich nur, wenn nicht 'alles' beurteilt wird, sondern Akzente gesetzt werden.

Mit dem Mitteilen von Erwartungen werden Erwartungen auf deren Erfüllung geweckt. Aber auch hier gilt – insbesondere für Führungskräfte – der Graffiti-Spruch: "Wer für alles offen ist, kann nicht ganz dicht sein." Zum Führen gehört, Erwartungen nicht zu erfüllen; das erfordert Begründungsarbeit, und bei allem Zeitaufwand ist unsicher, ob sie überzeugend gelingt.

Von Vorgesetzten wird Konfliktfähigkeit, Durchsetzungsvermögen, Rückgrat. Biss, 'gesunde' Aggressivität etc. gefordert. Sie sollen unternehmerisch denken und handeln, also Wettbewerb, Wirtschaftlichkeit und Wagnis verinnerlichen. Gleichzeitig sollen sie rundumsichtig, sensibel, empathisch, teamfähig geduldig, aufgeschlossen, konsensbereit, mitarbeiter- und kundenorientiert sein. Weil man alles von ihnen verlangt, sind sie stets kritisierbar. Damit hat man sie in der Hand.

Führungskräfte werden ihr Leben lang beurteilt. Sie müssen es immer mehreren recht machen und zudem darauf gefasst sein, dass die Spielregeln und Bewertungsmaßstäbe einerseits unklar und mehrdeutig sind und andererseits während des Spiels geändert werden (und ironischerweise verlangt man von ihnen, sie sollten für klare Verhältnisse sorgen!). Deswegen hat sich ein reiches Repertoire von Techniken und Taktiken herausgebildet, um in dieser Situation zu bestehen. Ein Beispiel: Man kann sich zwar alles anhören, muss sich aber noch lange nicht danach richten. In der Gestalttherapie gibt es einen Standardsatz, der bei Feedbacks, die man auf dem 'heißen Stuhl' erhält, zu sagen ist: "Ich danke dir für deine Rückmeldung und werde sie prüfen. Aber ich bin nicht auf der Welt, um so zu werden, wie du mich haben willst!"

Zu den basalen Lektionen, die man in Organisationen lernen muss, gehört, dass man nicht alles sagen darf, was man weiß. Bevor man eine Aussage macht, muss man sich überlegen, welche Folgen sie haben wird. Es geht also nicht um die Wahrheit, sondern um die Wirkung. Und deshalb wäre man schlecht beraten, wenn man - unbedingt und ungeschützt - einem Vorgesetzten die Meinung sagte (es sei denn, es ist seine Meinung). Der Volksmund hält dafür Parolen bereit: Das Leben geht weiter, man muss für alles bezahlen, ehrlich währt (dauert, braucht) am längsten. Offenheit ist kein Wert an sich; offene Rückmeldungen können verletzend sein. Höflichkeit, Takt und Diplomatie kennen Notlügen, Komplimente und dienlich korrigierte Wahrheit.

Es werden nicht Personen beurteilt, sondern Beziehungen bewertet. In jeder Beurteilung urteilt man in erster Linie über sich selbst, in zweiter Linie über die beurteilte Person. Bei anonymen Beurteilungen kann der erste Teil nicht bestimmt und damit der zweite nicht bewertet werden.

Jede beurteilte Person wird nicht 'für sich' (sozusagen in splendid isolation) gesehen, sondern als Mitglied in einem Netzwerk, in dem auch die beurteilende Person ihre spezifische Stellung und ihre besonderen Interessen hat. Deswegen kann es keine objektive Beurteilung geben. Die Erwartungen und Forderungen verschiedener Feedbackgeber können erst verstanden werden, wenn man ihre Stellung im Netz kennt. Und was ein Feedbacknehmer für sie tun kann, hängt von der eigenen Stellung im Netz ab.

Urteile, die sich in Zahlenwerte fassen und vergleichen lassen, sind wenig wert. Sie sind notwendigerweise abstrakt, d.h. abgezogen von der erfahrenen Realität, gereinigt von all den Bedingungen, die deren Zustandekommen bewirkt haben. Es findet Personalisierung auf Kosten einer Entkontextualisierung statt. Um eine Bewertung verstehen zu können, muss man dazu Geschichten erzählen (Wie es dazu kam, wer beteiligt war, welche Möglichkeiten und welche Ressourcen vorhanden waren, wie es weiterging usw.).

# 1. Das 360°-Feedback-Verfahren

## 1.1 Das 360°-Feedback im Raster anderer Beurteilungs-, Befragungs- und Feedbackverfahren

Die Rundum-Beurteilung ist ein In-Thema, ihr Durchbruch wird als unmittelbar bevorstehend angekündigt. Rolf Stiefel, der St. Gallener Trendseher und -setzer in Sachen OE/PE hat sie euphorisch gepriesen:

> "Ich halte 360°-Feedback und Upward Feedback-Programme als neue Veränderungsprodukte für so interessant, dass ich es für möglich halte, als bisheriger PE-ler mit dem ausschließlichen Einsatz dieser 'Veränderungstechnologie' eine neue Abteilung im Unternehmen aufzubauen ... Für erfahrene PE-ler, die noch einmal eine echte neue Herausforderung suchen! ... Aber auch freiberufliche Berater und Trainer können sich mit dieser neuen 'Veränderungstechnologie' attraktiv im Markt positionieren und sich mit dem Einsatz von 360°-Feedback und dem späteren Training von Mitarbeitern aus Unternehmen einen wachsenden Markt sichern. Ich halte es für keine schlechte Geschäftsidee für jemanden, der aus dem Gros der ständig zunehmenden Feld-, Wald- und Wiesenberater herausragen möchte!" (Stiefel 1997, 13).

Eine Reihe anderer AutorInnen teilt die Auffassung, die Rundum-Beurteilung sei machbar, sinnvoll und nützlich. In der Praxis scheint sie aber noch längst nicht so verbreitet zu sein, wie es die intensive Diskussion vermuten lässt. So hat z.B. die Watson-Wyatt GmbH (1997) auf der Grundlage einer Umfrage unter 85 in Deutschland ansässigen Großunternehmen den Schluss gezogen, dass nur 19 % ein 'Multi-Source' (360°)-Feedback System haben (s.a. London & Smither 1995). [In der US-Literatur findet sich häufig der Ausdruck 'Multi-Source Feedback' (MSF) für das 360°-Feedback. MSF ist der allgemeinere Ausdruck, weil er alle Verfahren kennzeichnet, die zwei oder mehr Quellen nutzen; die perfekte *Rundum*-(360°)-Beurteilung ist ein Sonderfall des MSF].

Um das Neue am 360°-Feedback abzuschätzen, ist es sinnvoll, dieses Verfahren gegen andere Beurteilungsmethoden abzugrenzen. Zum Formenkreis gehören vor allem:

- die klassische *Personal- oder Leistungsbeurteilung* (personbezogen, hoch formalisiert, dyadisch, von oben nach unten (ausführlich dazu: Becker 1998, Breisig 1998, Zander & Knebel 1993)[1];
- das *Mitarbeiter- bzw. Teamgespräch* (weniger formalisiert, interaktiver);

---

[1]  "Unter Leistungsbeurteilung wird ein institutionalisierter Prozess zur planmäßigen und formalisierten Gewinnung, Verarbeitung und Auswertung von Informationen über die einer bestimmten Periode erbrachten Leistung eines Organisationsmitglieds durch dazu beauftragte Organisationsmitglieder hinsichtlich vorab vereinbarter Leistungskriterien verstanden" (Becker & Fallgatter 1998, 226; ähnlich Fallgatter 1998, 79).

5

- die *Vorgesetztenbeurteilung* (Aufwärtsbeurteilung, Upward Feedback, Führungsstilanalyse, Beurteilung von unten, Führungsspiegel: schriftlich, strukturiert, mehrere Beurteilende);

- die *Gleichgestellten-Beurteilung* (Peer Rating/Ranking/Nomination, Peer Appraisal, Peer Assessment, Peer Review, KollegInnenbeurteilung, s. z.B. Jochum 1987, Gerpott 1992);

- das *Management-* oder *Führungs-Audit* (systematische Analyse auf der Basis von Prüflisten; zusätzlich: von Externen, ControllerInnen oder höheren Vorgesetzten durchgeführte Hearings; s.a. Schöning 1998);

- Einrichtung von *Beschwerde-Systemen* (Beschwerde-Kommission, Mobbing-Beauftragte, Kummerkasten, Offen-Gesagt-Rubrik in der Werkszeitung, Leserbriefe);

- die *Zielvereinbarung* bzw. das MbO (Management by Objectives)-Review (s. Wahren 1999);

- die *Mitarbeiter- und Kundenbefragung* (Data Survey-Feedback; anonymisierte großzahlige, schriftliche Erhebungen zu einer breiten Themenpalette; die Gesamtsituation in der Unternehmung soll bewertet werden) (Nadler 1977, Domsch & Schneble 1991, Borg 1999).

Auf die beiden Wortbestandteile des 360°-Feedbacks will ich kurz eingehen: 360° und Feedback.

## 360°

360° soll den Rundum-Charakter zum Ausdruck bringen: eine Führungskraft wird *von allen Seiten* beobachtet und bewertet. Zu Grunde liegende Vorstellungsbilder sind mehrdeutig: Der Kompass, der Radarstrahl oder das Koordinatensystem stehen für: *in* alle (Himmels-)Richtungen, flächendeckend den gesamten Orbit umfassend. Vorgesetzte sollen aber nicht alle anderen beurteilen, sie sind vielmehr selbst Objekt umfassender Begutachtung. Da trifft das Bild der Windrose eher: *aus* allen Richtungen bläst der Führungskraft der Wind ins Gesicht. Aufschlussreicher als diese Wortbilder ist die dahinter stehende pan-optische (wörtlich: alles sehende) Phantasie. Sie suggeriert die Möglichkeit einer sowohl lückenlosen Beobachtung wie allseitigen Rückmeldung: alle BeziehungspartnerInnen sind zugleich und immer auch BeurteilerInnen oder FeedbackgeberInnen. Die Fokalperson muss zudem gewärtigen, dass sie nicht nur *von allen* gesehen und kommentiert wird, sondern *überall* und *jederzeit* unter Aufsicht steht. Über "1984" hinaus gilt: Nicht nur 'Big Brother is watching you', sondern jedermann beobachtet dich und bietet dir (und anderen?) seine Wahrnehmung oder sein Urteil schriftlich an. Kein Wunder, dass eine solche totalisierende Option erst hoffähig wurde unter der Herrschaft kongenialer Management-Konzepte. *Total* Quality Management (TQM) fordert Null-Fehler und Null-Verschwendung in jeder Hinsicht, nicht nur für Produkte und Prozesse, sondern eben auch für Personen. Alle Informationen müssen genutzt werden, die Hinweise auf Mängel geben; Ziel ist es, perfekt zu werden.

In der Praxis – das wird unten noch belegt werden – ist es längst nicht so weit. Von 360°-Feedback wird schon geredet, wenn drei Beurteiler-Gruppen ihr Votum abgeben: höhere Vorgesetzte, unterstellte MitarbeiterInnen und die beurteilte Person selbst. Sehr selten finden sich KollegInnen-Urteile, noch seltener werden externe KundInnen einbezogen. Hunt (1995, 46) beschränkt das 360°-Feedback auf *interne* Beurteilungen, bei denen zusätzlich zur 180°-Beurteilung (durch Unterstellte) auch noch Bewertungen durch Vorgesetzte und Gleichgestellte hinzukommen; um 540°-Feedbacks handelt es sich bei ihm, wenn Kunden und Lieferanten einbezogen werden und 630° spricht er einem System zu, das auch noch die Familie des Managers einbezieht.

## Feedback

Zuweilen wird eine deutliche Trennlinie zwischen der klassischen *Beurteilung* und dem modernen *Feedback* gezogen. Während Beurteilung als wertende Zensur gesehen wird, spiegelt

> "Feedback ... das momentane Verhalten und dessen Wirkung auf andere wieder. Es hat Blitzlichtcharakter und damit ein Verfallsdatum (wir kennzeichnen zum Beispiel Feedback-Reports grundsätzlich mit einem Verfallsdatum, in der Regel zwei Jahre" (Harss, Maier & Weill 1999, 87).

Ich teile diese Differenzierung nicht, weil das Setting des 360°-Feedbacks (s. dazu die folgenden Merkmale) nicht der im Zitat offenbar zu Grunde gelegten Feedback-Modellsituation in der Gruppendynamik oder im Kommunikationstraining gleicht [face-to-face, mündlich, beschreibend (nicht: bewertend), spontan, unstandardisiert, die Wirkung auf den Feedback*geber* ausdrückend (Gefühle, nicht unbedingt Fakten), konkrete Wünsche oder Forderungen zur Änderung äußernd; s. die Diskussion in Zeitz (1998, 49 ff.) und siehe den Beleg A-1 im Anhang]. Der Name 360°-Feedback leitet sich wohl eher vom OE-Verfahren "Data Survey-Feedback" her – und da geht es um die anonyme schriftliche Befragung von Organisationsmitgliedern und die Rückmeldung der aufbereiteten Ergebnisse, um Veränderungsprozesse in Gang zu setzen (s.a. Comelli 1997). Auch systemtheoretische Assoziationen liegen nahe: Nur wenn ein System etwas über seinen eigenen Zustand und Output erfährt, kann es sich im Sinne seiner Zielvorgaben selbst regeln.

> Lakonisch – und in wünschenswerter Deutlichkeit – stellt Thönnessen fest, warum sich Bayer dazu entschlossen hat, der Aufwärtsbewertung den Namen 'Feedback' und nicht 'Beurteilung' zu geben:

7

"Der Ausdruck 'Beurteilung' impliziert dagegen, dass sich aus der Einschätzung des Führungsverhaltens – man könnte auch von 'Führungsleistung' sprechen – konkrete Konsequenzen ergeben, sowohl in Bezug auf Position als auch auf Vergütung; doch nur Beurteilungen von Mitarbeitern sind in der Regel mit solchen Konsequenzen verknüpft. Derart verstandene Beurteilungen gelten aber nach wie vor als originäre Aufgabe von Vorgesetzten, und in diesem Punkt ist eine Umkehrung des Prozesses bisher kaum vorstellbar" (Thönnessen 1999, 101).

Im folgenden Text gehe ich davon aus, dass das 360°-Feedback ein multiperspektivisches und multipersonales *Beurteilungs*verfahren ist, bei dem es keine Geheimdossiers gibt. Der beurteilten Person werden die Bewertungen mitgeteilt und sie wird aufgefordert oder eingeladen, mit den Beurteilenden zu sprechen, um die richtigen Schlüsse und Konsequenzen zu ziehen. Dass dabei einige eigenartige Hemmnisse auftauchen, werde ich an späterer Stelle analysieren, wenn ich über die Rolle von Anonymität, externer Auswertung und Moderation spreche.

## 1.2 Merkmale des 360°-Feedbacks

Es gibt zwar keine standardisierte oder allgemein anerkannte Prozedur für die 360°-Beurteilung, aber es können – folgt man veröffentlichten Berater-Empfehlungen und Praxiserfahrungen – einige Merkmale als typisch angesehen werden:

- Das Verfahrens*system* enthält *mehrere Komponenten*: Einholung schriftlicher Urteile bei verschiedenen Gruppen, Auswertung, (individualisierte) Rückmeldung, Gespräche oder moderierte Workshops zur Interpretation der Daten und zur Maßnahmenentwicklung.

- Das Verfahren wird primär auf Führungskräfte angewandt (sehr selten auf SpezialistInnen, AußendienstmitarbeiterInnen etc.).

- Bewertungen der Fokalperson werden durch *VertreterInnen mehrerer Gruppen* (Vorgesetzte, KollegInnen, unterstellte MitarbeiterInnen, interne und externe KundInnen) vorgenommen. In der Praxis sind es allerdings häufig nur 2-3 Gruppen: vor allem höhere Vorgesetzte und Unterstellte, zuweilen noch andere interne Organisationsmitglieder (Personalleute, ProjektkollegInnen, TrainerInnen etc).

- Ein besonders interessanter Aspekt ist, dass des öfteren die Zielperson um eine *Selbst*beurteilung gebeten wird.

- Es wird mit der Methode der *schriftlichen* Befragung gearbeitet; dabei werden *strukturierte* Fragebogen eingesetzt, die für alle Beurteiler(-Gruppen) *gleiche* Items enthalten. In der Regel sind *quantitativ* abgestufte vorgegebene Antwortausprägungen anzukreuzen.

8

- Es wird eine Einschätzung der *Ist-Situation* in Bezug auf *Verhaltens*daten vorgenommen; zuweilen werden auch Leistungsergebnisse erfasst. Manchmal wird noch nach den *Erwartungen* an die Zielperson und/oder nach der *Wichtigkeit* der beurteilten Merkmale gefragt.

- Die Beurteilung erfolgt *anonym* (zumindest in der Befragungsphase).

- Die *Auswertung* der erhobenen Daten wird durch *Dritte* vorgenommen (externe BeraterInnen oder interne ExpertInnen der Personalabteilung).

- Im Regelfall werden – pro Item oder pro Beurteilungsdimension – *die Mittelwerte* der Einschätzungen errechnet und mitgeteilt und *Vergleiche* durchgeführt (z.B. Selbstbild vs. Fremdurteil, Person-Ist vs. Firmen-Soll, Person-Ist vs. Durchschnitt anderer Beurteilter; Zeitreihen).

- *Empfänger* der Beurteilungen ist die *beurteilte Person*; vielfach werden aber auch (in anonymisierter oder aggregierter Form) alle am Prozess Beteiligten informiert. Manchmal erhalten höhere Vorgesetzte nicht nur Zusammenfassungen, sondern auch Einzelergebnisse. In einigen Fällen werden der beurteilten Person die schriftlich zusammengefassten Ergebnisse durch ExpertInnen mündlich interpretiert, dabei wird z.T. Beratung oder Coaching angeboten.

- Allein oder in Kooperation mit BeraterInnen entwirft die beurteilte Person einen individuellen *Entwicklungsplan* bzw. *Maßnahmenkatalog*, in dem konkrete Konsequenzen aus dem Feedback gezogen werden.

- Zur Erarbeitung von Folgerungen werden *Workshops* durchgeführt, an denen (einige, alle) BeurteilerInnen mitwirken: Moderiert durch externe ExpertInnen werden kontroverse Beurteilungen begründet, Verbesserungswünsche formuliert, Verbesserungsmaßnahmen erarbeitet und vereinbart.

- Die Erfahrungen aus den Feedback-Runden können vom Management genutzt werden, um individuelle oder strukturelle *organisationale und personalwirtschaftliche Maßnahmen* zu begründen und durchzuführen (PE- oder OE-Maßnahmen, neue Anreizsysteme, Versetzungen, Beförderungen, Kündigungen etc.).

- Es finden *Follow Ups* statt, die dem Erfahrungsaustausch, der Kontrolle oder der Strategieanpassung dienen.

- Systematische *gegenseitige* Beurteilungen (die Beurteilten beurteilen ihrerseits die BeurteilerInnen) finden normalerweise nicht statt.

Diese allgemeine Charakterisierung lässt noch eine Vielzahl von Optionen zu, die in der folgenden Tabelle 1 – die Vorschläge von Domsch (1992, 63) bzw. Domsch & Ladwig (1995, 26), Ladwig & Domsch (1997, 75) erweitert – zusammengestellt sind.

| Dimension | Varianten |
|---|---|
| Beteiligte im Entwicklungs-, Entscheidungs- u. Planungsprozess | Top Management, externe BeraterInnen, PersonalspezialistInnen, Betriebsrat/Sprecherausschuss, Linienführungskräfte, MitarbeiterInnen. |
| Mitwirkungsgrad | (nicht) informiert – befragt – beteiligt – entscheidend (bzw. Vetorecht). |
| Schulung | systematisches und umfassendes Training der Beurteilenden und/oder der Beurteilten (zu Zielen, Materialien, Gesprächen, Maßnahmen) vs. allgemeine Hinweise bzw. keine Schulung. |
| Beurteilende Gruppen | Unterstellte MitarbeiterInnen – KollegInnen – höhere Vorgesetzte – interne Kunden – externe Kunden – Belegschaftsvertretung – externe/interne BeraterInnen – Selbstbeurteilung. |
| Auswahl der Beurteilenden | Vollerhebung vs. Stichprobe (gezielt ausgewählte Personen – Zufallsstichprobe – aufs Geratewohl [Ausfall- und Rücklaufquote!]). |
| Auswertende | Fremdauswertung (durch Externe/PersonalerInnen) – Selbstauswertung – kooperative Auswertung durch Beurteilende. |
| Spezifität der Fragen | auf einen bestimmten (Teil-)Bereich des Führungsverhaltens konzentriert vs. viele (unverbundene) Facetten erfassend. |
| Inhalte der Beurteilung | - Persönlichkeitsmerkmale (Eigenschaften, Fähigkeiten, Kompetenzen, Einstellungen, Haltungen; <br> - Verhalten; <br> - Ergebnisse, Leistungen. |
| Erhebungsmethode; Standardisierung | - schriftlich (Papier vs. online) – mündlich – bildlich (z.B. Punkte kleben in einen 'Radarschirm'); <br> - voll-, teil-, unstrukturiert; <br> - offene – geschlossene Fragen bzw. Mischung; <br> - ad hoc zusammengestellt vs. theoretisch abgeleitet vs. empirisch bewährt (von anderen übernommen); <br> - einheitliche Fragen für alle vs. Möglichkeit zur Erweiterung des Fragenkatalogs im Einzelfall. |
| Art der Urteile | quantitativ – qualitativ; Mischformen. |
| Auswertung | 'per Hand' vs. automatisch, maschinell. |
| Verpflichtungsgrad, Verbindlichkeit | freiwillig vs. verbindlich vorgeschrieben (bzw. für eine Gruppe freiwillig, für die andere verbindlich). |
| Einbettung | - spezielle selbständige Aktion vs. in eine größere Mitarbeiterbefragung oder ein OE- oder TQM-Projekt eingebettet; <br> - isolierte Erhebung vs. Verfahrenssystem (Manual, Instruktion, Training, Auswertungsrichtlinien, Ergebnispräsentation etc.). |
| Anonymität | ja – nein – teilweise oder anfänglich. |
| Wiederholungshäufigkeit / Follow up | einmalige Aktion; fallweise; (regelmäßig) wiederholt (Zeitreihen); angekündigte Follow ups. |

| | |
|---|---|
| Beurteilungsrichtung | von oben nach unten, von unten nach oben, beide Richtungen, quer; von innen nach außen oder umgekehrt. |
| Ergebnisaufbereitung und -rückmeldung | - Summenwerte oder Einzelitems;<br>- Durchschnittswerte oder/und Extremwerte;<br>- Streuungen; digital oder/und grafisch aufbereitet;<br>- nur die eigenen Werte und/oder Vergleichswerte;<br>- alle Items vs. nur einige herausgegriffene;<br>- beschreibendes Gutachten. |
| Mitteilung der Ergebnisse an die beurteilte Person | - schriftlich/postalisch – mündlich;<br>- unkommentiert vs. interpretiert (durch interne/externe BeraterInnen oder Vorgesetzte);<br>- 'Urteilsverkündung' vs. Dialog. |
| Veröffentlichung und Weitergabe der Ergebnisse | - keine (vertraulich);<br>- in den Beurteilergruppen;<br>- in einem Workshop mündlich präsentiert (keine Hardcopies);<br>- im Intranet bzw. der Werkszeitung;<br>- keine Weitergabe an Dritte vs. Weitergabe an 'Personal' (Personalakte) vs. an höhere Vorgesetzte vs. an Belegschaftsvertretung (mit/ohne Stellungnahme der beurteilten Person). |
| Schnelligkeit der Rückmeldung | sehr kurzfristig vs. nach Wochen. |
| Situation der Rückmeldung | - in Anwesenheit höherer Vorgesetzter,<br>- in Anwesenheit von Beurteilenden;<br>- durch BeraterIn unter vier Augen. |
| Konsequenzen: Wer erarbeitet/ergreift sie? | beurteilte Person, Vorgesetzte, Personalabteilung; Gremium, Gruppe (Workshop). |
| Konsequenzen: Inhalt | - individuelle und/oder strukturelle Maßnahmen;<br>- Priorisierung;<br>- Festlegung von Konsequenzen bei der (Nicht-)Erreichung der Vorgaben. |
| Konsequenzen: Verpflichtungsgrad | verbindlich oder fakultativ. |
| Follow up; Nachfass-Aktion | - angekündigt/terminiert vs. offen gelassen;<br>- Inhalte und Ablauf bekannt;<br>- Entscheidungsgrundlage für positive u. negative Sanktionen |
| Controlling | Systematische Analyse von Kosten und Nutzen der Aktion |

Tab. 1:    Optionen der Ausgestaltung von 360°-Verfahren

Angesichts dieser Vielfalt von Möglichkeiten ist nachvollziehbar, dass zusammenfassende Aussagen über *das* 360°-Feedback nicht zu machen sind. Vor allem muss man daran erinnern (siehe oben), dass es in der Praxis sehr wenig tatsächliche *Rundum*-Beurteilungen gibt; meist werden Urteile von allenfalls drei Gruppen (Vorgesetzten, Unterstellten, Führungskraft selbst) eingeholt.

11

# 2. Technisch-methodische Aspekte

## 2.1 Controlling des 360°-Feedback-Verfahrens

### 2.1.1 Intentionen und Funktionen des 360°-Feedbacks

Übt man Kritik an der schönen Idee, anstatt sie umstandslos in die Tat umzusetzen, bekommt man schnell das abwertende Etikett 'Bedenkenträger' aufgeklebt. Die spezifisch menschliche Gabe des Be-Denkens (Probehandelns) kann zwar einerseits Tatendrang paralysieren, andererseits aber auch Umwege, Kosten und blaue Flecken ersparen. Nicht der etwas stärkere Motor bringt den Sieg in der Formel 1, sondern die etwas besseren Bremsen.

Es gibt eine Reihe vernünftiger Gründe (siehe dazu unten), die für die *Idee* der Rundum-Beurteilung sprechen. Es handelt sich offenkundig um einen sehr komplexen Prozess, dessen Erfolg nicht daran gemessen werden kann, ob oder wie sehr *ein* proklamiertes (Haupt-)Ziel, z.B. Erhöhung der Urteilsgenauigkeit erreicht oder verfehlt wurde. Vielmehr sind neben den offiziell verkündeten Zielen des Verfahrens (meist: Identifikation und Beseitigung von Mängeln im Führungsverhalten), auch alle weiteren Funktionen (d.h. objektiven Wirkungen) zu berücksichtigen. Wie bei anderen personalwirtschaftlichen Verfahren gilt der Grundsatz: Selbst wenn ein Verfahren die offiziellen Ziele verfehlt, kann es dennoch wegen seiner latenten Funktionen wertvoll und nützlich sein. Zum Beispiel kann die nicht ausgesprochene Disziplinierungsfunktion (sich in Antizipation der Beurteilung 'zusammenreißen') wichtiger sein als eine informative Rückmeldung.

Dazu ein Zitat aus Warburg. Er erwähnt als Vorläufer der Personalbeurteilung die

"sogenannten Conduitenlisten, die 1726 bei der Preußischen Infanterie eingeführt wurden. ... In den Conduitenlisten sollte unter anderem festgehalten werden, ob der 'Offizier ein Säufer ist, ob er guten Verstand und einen offenen Kopf hat, oder ob er dumm ist.' So einfach war das Raster: gut oder dumm. Vielleicht reichten diese Kriterien fürs Militär. Die Unterschiede einer sich rasch entwickelnden und komplexer werdenden öffentlichen Verwaltung konnte man damit nur schwerlich berücksichtigen. Auch wurde neben der beabsichtigten Leistungsfeststellung sehr früh ein anderer Aspekt dieses Systems deutlich: die Disziplinierung.

Ein Steuerbeamter schrieb bereits 1845:

'Die geheimen Conduitenlisten stehen hinter dem Beamten wie vehmartige Gespenster, die stets das gezückte Richterbeil über sein Haupt strecken und die ihn dann am meisten bedrohen, wenn sein Benehmen zu einem geheimen Verfahren am Wenigsten Veranlassung gibt. Der Offene, der arglos sich gibt und ausspricht, wie es ihm ums Herz ist, der

Gerade, der es verschmäht, in seinem Auftreten die Schleichwege der Klugheit einzuschlagen, der Ehrenhafte, der seine Handlungsweise nicht nach den Rücksichten auf den eigenen Vorteil einrichtet, sondern vor allem seine Überzeugung zur Ratgeberin wählt – gerade diese sind es, die auf die schwarzen Seiten der Conduitenlisten vielleicht den meisten Stoff liefern. Ihre Offenheit wird ihre eigene Anklägerin werden, ihre Gradheit wird die Empfindlichkeit des Vorgesetzten gegen sie aufbringen, ihre Ehrenhaftigkeit wird ihnen den Ruf unfolgsamer Opponenten zuziehen. Auf diese Art werden Vorzüge zu Mängeln und Tugenden werden vergehen'" (Warburg 1997, 41 f.).

Auf die Disziplinierungs- und Sozialisationsfunktion wird noch des öfteren zurückzukommen sein; zunächst aber sollen Kosten- und Nutzenaspekte des Rundum-Beurteilungsverfahrens erörtert werden.

### 2.1.2  Eine gute Idee, aber eine schlechte Realisierung?

Üblicherweise wird das 360°-Feedback-Verfahren gegen Kritik immunisiert, indem behauptet wird, die Idee sei gut, die Probleme lägen lediglich in der fehlerhaften und unprofessionellen Realisierung. Was aber, wenn schon die Idee wegen ihrer inneren Widersprüche unrealisierbar ist? Ist sie dann nicht Vorspiegelung eines Ideals, dessen Verfehlen unausweichlich ist, sodass Enttäuschung programmiert ist? Warum wird ein perfektes Trug-Bild vorgegaukelt, anstatt gleich über die faktischen Probleme und die notwendigen Abstriche zu reden? Oder sollte das 360°-Feedback als eine regulative Idee fungieren, die die Bemühungen beflügeln soll, einem unerreichbaren Fernziel (ehrliche, präzise, konstruktive Rückmeldung) *näher* zu kommen, auch wenn es letztlich unerreichbar bleibt?

### 2.1.3  Controlling des Controlling: Feedback für das Feedback

Wie jeder Ressourcen verbrauchende Prozess muss sich auch das systematisierte Feedback ein Effizienz- und Effektivitäts-Controlling gefallen lassen. Dazu müsste jedoch das Controlling selbst reflexiv, also auf sich selbst angewandt werden und belegen, was es kostet und bringt. Namhafte Controlling-Autoren wie *Weber* und *Küpper* registrieren, dass es überraschenderweise praktisch kein (Selbst-)Controlling des Controlling gibt. Man muss sich also nicht wundern, wenn ein systematisches Feedback über das 360°-Feedback, das in gewisser Hinsicht als Variante des Controlling gesehen werden kann, nicht institutionalisiert ist.

Welche Kosten und Nutzen sind zu veranschlagen?

### 2.1.4 Kosten des 360°-Feedback-Verfahrens

Wenn das Problem überhaupt diskutiert wird, finden sich sehr heterogene Einteilungen: Tangible und nichttangible, faktische und Opportunitätskosten, individuelle vs. kollektive Kosten, kurz- vs. langfristige Kosten, Verfahrens- und Folgekosten etc. werden unterschieden. Auf einige dieser Kostenarten soll kurz eingegangen werden:

- Verfahrenskosten: *Arbeitszeit von Stabsabteilungen oder Projektgruppen* für das Suchen, Kaufen, Adaptieren oder Entwickeln des Verfahrens und seiner Administration (Design und Druck, Akzeptanzbeschaffung, Schulung, Erinnerung/Mahnung, Auswertung, Ergebnispräsentation und -Rückmeldung; Konsequenzen-Generierung und -Implementation; Follow up etc.). Opportunitätskosten (entgangene Gelegenheiten für produktive Tätigkeiten, die wegen des Feedbacks nicht wahrgenommen werden konnten);

- *Sachkosten* (Materialkosten, Telefonkosten etc.);

- *Fremdkosten*: Beraterhonorare; direkte Fremdkosten für Verfahrenskauf, Lizenzen, Updates etc., Kosten für TrainerInnen;

- *Arbeitszeit der Beurteilenden*, die für das Durchführen der Bewertungen aufgewandt wird (Vorbereitung, Ausfüllen, Feedback-Gespräch, Weiterleitung); Opportunitätskosten;

- *Arbeitszeit höherer Vorgesetzter* für Information und Entscheidung über Durchführung, Ergebnisse, Konsequenzen, Opportunitätskosten (s.o.);

- Kosten für *Belohnungen* vorbildlicher Führungskräfte;

- Kosten für *Auseinandersetzungen* (mit Betriebsrat, Sprecherausschuss, Arbeitsgerichten);

- *Negative unbeabsichtigte Wirkungen* (intangible Kosten): Enttäuschung von (zu hohen) Erwartungen; Angst vor 'Rache' der beurteilten Person; Einladung zu 'Kuhhandel'; Trotz, Widerstand und Protest der beurteilten Person, Entfremdung, slow down, innere Kündigung; Beschädigung des Images als Arbeitgeber; Politisierung (z.B. 'Beziehungsarbeit', Vertuschung, Nepotismus ...), Verunsicherung der Führungskräfte, Opportunismus; Bürokratisierungstendenzen durch Mitwirkung der Arbeitnehmervertretung.

### 2.1.5 Nutzen des 360°-Feedback-Verfahrens

In diesem Kontext kann man sich an die umfangreichen Listen der positiven Funktionen von Personalbeurteilungen, Mitarbeiterbefragungen, Audits und Reviews anschließen [z.B. Mess- und Diagnose-, Kommunikations-, Evaluations-, Kontroll-, Aktivierungs-, Organisationsentwicklungsfunktion; s. z.B. Jöns (1997, 18), Neuberger (1981), Ludwig (1994)].

- Fehlerbeseitigung und Qualitätssteigerung; Steigerung der Kundenzufriedenheit;

- Motivationssteigerung der Organisationsmitglieder, Verbesserung von Arbeitszufriedenheit und Klima; Umsetzung von Unternehmenskultur und -vision; modernes Unternehmensimage; Beseitigung von Leistungs- und Identifikationsbarrieren;

- Gelegenheit zum ‚Dampfablassen' (Katharsis), Abbau von Spannungen; das Anprangern von Defiziten erspart deren Beseitigung (weil sie nur Symptome von Unzufriedenheit sind); Ablenken von brisanteren Themen; Präsentation von Sündenböcken;

- Stärkung der Eigen- und Mitverantwortung (sowohl der Beurteilten wie der Beurteilenden);

- Intensivierung und Verbesserung der internen Kommunikation;

- Personalinventur und -bereinigung; Gewinnung justiziabler Belege für (Änderungs-)Kündigungen;

- Frühwarnsystem für schwache Signale negativer Entwicklungen; Sensibilisierung für die Wahrnehmungen und Interessen von stakeholders;

- Verbreiterung der Wissensbasis für Entscheidungen;

- Offenlegung von Beurteilungskriterien; Dokumentation von Veränderungen; Möglichkeit, Fehlurteile entkräften zu können (weil man zum ersten Mal erfährt, was andere über einen denken);

- Förderung eines arbeitsmarktrelevanten positiven Images (Fairness, Gerechtigkeit, Offenheit, Leistungsorientierung etc.);

- Anlass und Grundlage zur Entwicklung oder Umsetzung von Führungsleitlinien, Unternehmensgrundsätzen, ethischen Codes etc.

- Disziplinierung, Sozialisation (Einschwörung auf wichtige Firmenwerte und -normen); andererseits: Einübung von Zivilcourage;

- Grundlagen für eine maßgeschneiderte (individualisierte) und zielgenaue Personalentwicklung, Vermeidung der Fehlallokation von Personalentwicklungskosten;

- Optimierung des Personaleinsatzes.

Die zentralen Probleme eines Controlling des 360°-Feedback liegen in der Definition, Operationalisierung und Erfassung der Kosten- und Nutzen*arten*, deren Quantifizierung und ihrer Zurechenbarkeit. Festzuhalten ist, dass kein Fall bekannt ist, in dem ein systematisches *umfassendes* Controlling des 360°-Feedback durchgeführt wurde. Die vorliegenden Veröffentlichungen sind im wesentlichen positiv getönte Praxisberichte von Personalleuten und UnternehmensberaterInnen, die für das Projekt "360°-Feedback" verantwortlich waren, sodass Erfolgsmeldungen auch der Legitimation und dem (Selbst-)Marketing dienen. Die Folgerung liegt nahe, dass der ideologische Nutzen hoch sein muss: Mit dem 360°-Feedback werden nicht zuletzt starke Managementmythen bedient, z.B.: "Wir haben alles unter Kontrolle"; "Das Top-Management sieht und weiß alles"; "Wir sind konsequent ziel-, leistungs- und ergebnisorientiert"; "Es geht objektiv und rational zu", "Jeder nach seiner Façon", "Wir haben voreinander keine Geheimnisse" etc.

## 2.2 Jeder jedes Kunde?
### Kundenorientierung vs. Hierarchieorientierung

Ein häufiges Argument ist, dass das 360°-Feedback eine unmittelbare Umsetzung des Prinzips der Kundenorientierung (im Rahmen eines Total Quality Managements) sei. Wenn tauschwirtschaftliches Denken auf innerorganisatorische Beziehungen übertragen wird, werden Mitarbeiter Kunden von Vorgesetzten (genauso wie umgekehrt auch Vorgesetzte Kunden von Mitarbeitern werden). Kunden nicht nur zufriedenzustellen, sondern zu begeistern, erfordert über ihre Bedürfnisse und Erwartungen genau informiert zu sein. Die traditionelle Herrschaftslogik unterstellt, dass Vorgesetzte Marktforschung über das 'Innerste' ihrer Unterstellten betreiben, um ihre *eigenen* Interessen besser realisieren zu können. Die 360°-Ideologie suggeriert, dass sie ihre Mitarbeiterinnen ausforschen, um *deren* Kundenwünsche befriedigen zu können, um so Kundenbindung (Firmentreue, Loyalität, Commitment) und Transaktionsbereitschaft (Einsatzfreude, Mitdenken etc.) fördern zu können. Aus dem Urteil der internen und externen Kunden erfahren Vorgesetzte über deren erfüllte und enttäuschte Erwartungen und können sich zielgenau darauf einstellen.

Wenn dem so wäre, müsste sich niemand außer den Beurteilten für die Bewertungen interessieren (sofern tatsächlich allein Erwartungserfüllung oder -enttäuschung ermittelt werden sollen). Ginge es nur um die Aufklärung der Zielperson über ihre von anderen wahrgenommenen Stärken und Schwächen, wäre nicht nachvollziehbar, warum es Feedback-*Zwang* gibt (die Verfahren werden unternehmenseinheitlich entwickelt, verpflichtend vorgegeben und in ihrer Durchführung überwacht), warum *schriftliche* Dokumentationen angefertigt und die *Weiterleitung* der Bewertungen auch an Stabsstellen und/oder höhere Vorgesetzte erfolgt. Offensichtlich entspricht dem Drang zu Wissen (Wer möchte nicht gern wissen, was andere wirklich über ihn denken?) eine ebenso große Angst vor dem Wissen, vor allem wenn es an Dritte weitergegeben wird.

Dass das Vertreten der Beurteilungen, konfrontiert mit der beurteilten Führungskraft, bei den unterstellten Mitarbeitern Ängste auslösen kann, wird des
öfteren thematisiert.

"Bewährt hat es sich, vor dem eigentlichen Feedback-Gespräch eine Diskussionsrunde
anzusetzen, an der die Mitarbeiter und der Moderator, nicht aber der Vorgesetzte teilnehmen. Dabei können die Mitarbeiter das Ergebnis erst einmal – unmoderiert – unter
sich besprechen und interpretieren" (Thönnessen 1999, 105).

Harss et al. (1999, 86) fanden in ihrer Expertenbefragung gehäuft Äußerungen
von Angst (weil das Feedbackverfahren als verdeckte Selektion gesehen wurde). Man muss deshalb der Bereitschaft sich beurteilen zu lassen nachhelfen.

Theunert & Hezel bemerken für BMW (1995, 175): "Ein Selbstläufer ist die Aufwärtsbeurteilung jedoch nicht. Anfangs zeigte sich eine relativ hohe Beteiligung, wobei sich
der Anteil der Führungskräfte, der sich der systematischen Rückmeldung der Mitarbeiter stellt, im Laufe der Zeit auf ca. 10% reduzierte."

Von der Esso AG, die damals seit ca. 20 Jahren die Vorgesetztenbeurteilung – für beide
Seiten freiwillig – praktizierte, berichtet Rieker (1994, 189), dass die Beteiligung zuletzt
zwischen 40 und 50 Prozent "dahindümpelte".

Wenn von einer Zentrale ein für alle verbindliches Beurteilungsverfahren ein-
gekauft, entwickelt und eingeführt wird, dann wird das meist damit begründet, dass nur die ExpertInnen den Marktüberblick haben, um das beste Verfahren zu finden (sodass das Rad nicht hunderte Male neu erfunden werden
muss) oder dass Vergleiche der Beurteilten allein deshalb durchgeführt werden, um gezielt reagieren zu können (organisatorische Konsequenzen ziehen:
unterstützen, befördern, versetzen, schulen, entlassen, strukturelle Probleme
ausräumen ...). Mit *man* ist 'die Organisation' gemeint, konkret: die *agents*, die
im Auftrag des *principals* dessen Zielerfüllung zu gewährleisten haben. Geht
es also doch wie gehabt um die Durchsetzung von Eigeninteressen, als Dienst
am Kunden kaschiert?

Was früher als Führungs-, Motivations- oder Disziplinproblem gerahmt worden war, heißt nun 'Befriedigung von Kundenwünschen'. In der Sache hat sich
nichts geändert, solange die alten hierarchischen Abhängigkeitsbeziehungen
fortbestehen und nicht durch Verhältnisse zwischen selbständigen Unterneh-
merInnen abgelöst werden. Zwischen *entrepreneurs* und *intrapreneurs* besteht aber ein erheblicher Unterschied; letztere sind entweder bloß wie Unter-
nehmer kostümierte oder aber in einem widersprüchlichen Prozess umge-
formte abhängig Beschäftigte!

Dass mangelnder Bereitschaft, sich beurteilen zu lassen, auf die Sprünge geholfen werden kann, illustrieren Äußerungen von Thönnessen, der über die Bayer-Vorgesetztenbeurteilung schreibt:

> "Vorgesetzte, die ein problematisches Verhältnis zu ihren Mitarbeitern haben, werden sich einer Beurteilung nur ungern stellen. Aber gerade bei ihnen gibt es den den größten Veränderungsbedarf. Da ist es nur konsequent, wenn die Ergebnisse nach oben gereicht werden, weil das den notwendigen 'Leidensdruck' erzeugt" (Thönnessen 1999, 101).

> "Die Ankündigung, das Verfahren nach gewissem zeitlichen Abstand zu wiederholen, ist geeignet, für zusätzlichen Veränderungsdruck zu sorgen." (Thönnessen 1999, 106)

## 2.3 Alle alle?

### 2.3.1 Was hieße es, wenn ernst gemacht würde mit der Rundum-Beurteilung?

Der Kern ist, dass zum ersten Mal *Vorgesetzte* systematisch beurteilt werden (unter anderem 'von unten'). Zwar ließe sich das Verfahren prinzipiell auf alle Organisationsmitglieder ausdehnen, das wäre aber unökonomisch; bestenfalls wird es auf 'key players' oder auf Leute mit Potenzial angewandt.

Bei der traditionellen Beurteilung ('von oben nach unten') bewertet eine Führungskraft ihre Unterstellten; es sind im Team also n-1 Beurteilungen fällig. Bekommt nun auch ihrerseits die Führungskraft Feedback, wird die Anzahl der Beurteilungsvorgänge verdoppelt. Wollte im Team jede(r) jede(n) beurteilen, führte das zu n(n-1) Beurteilungen; würden alle, die beurteilen, sich von den Beurteilten beurteilen lassen *und* sich selbst auch beurteilen, dann käme man auf $n^2$ Beurteilungen. Selbst bei kleinen Kollektiven (z.B. 10 Gruppenmitgliedern) würde sich letzteres schon zu einer veritablen Aufgabe auswachsen. Im Beispielsfall hieße das: 100 Beurteilungen, die angefertigt, übermittelt, miteinander verglichen, verarbeitet, diskutiert werden müssen; ganz zu schweigen von der Zeit- und Ressourcenbindung, die bei jenen anfällt, die diesen regen Beurteilungsverkehr steuern und auswerten, Konsequenzen ziehen und deren Realisierung überwachen müssen. Nehmen wir an, eine Führungskraft hat 8 Unterstellte, 4 unmittelbare KollegInnen, einen direkten Vorgesetzten und eine höhere Vorgesetzte, drei sonstige interne und drei externe Kunden (insgesamt also 8+4+2+6 = 20 Kontaktpartner), dann liefe das auf 20 Fremdurteile hinaus, die dokumentiert, kommuniziert, interpretiert, besprochen werden müssen und auf die reagiert werden muss. Unterstellt man, dass diejenigen, die beurteilen, sich fairerweise auch beurteilen lassen, dann hätte die Führungskraft selbst 20 Urteile abzugeben. Hält man sich vor

Augen, dass *alle* Führungskräfte in einer Organisation in dieser Situation sind, dann würde ein erklecklicher Teil der Arbeitszeit in Unternehmungen auf das Handling von schriftlichen Urteilen entfallen. Zwar werden in allen sozialen Situationen fortwährend informelle Beurteilungen vorgenommen, jetzt aber wird das Feedback zum System erhoben und es kommt ein enormer Aufwand hinzu für Entwicklung, Einführung, Dokumentation, Eröffnung, Rechtfertigung, Verschleierung, Überwachung usw.

## 2.3.2 Zur Ausweitung des Beurteilerkreises: Sehen vier Augen mehr als zwei?

Der Vorstellung, dass durch Vergrößerung der Zahl der Beurteilenden eine Erhöhung der Urteilsgenauigkeit erreicht wird, liegt eine Epistemologie zu Grunde, die von der Möglichkeit einer wirklichkeitsgetreuen, realistischen, objektiven Abbildung (hier: des Führungsverhaltens) ausgeht. Dabei wird unterstellt, dass allfällige Wahrnehmungs- und Beurteilungsfehler durch die Vermehrung der Perspektiven ausgeglichen würden.

"Zudem kann angenommen werden, dass durch eine größere Beurteilerzahl die Reliabilität steigt, da sich abweichende Beurteilungen Einzelner im Durchschnitt gegenseitig aufheben dürften" (Domsch & Ladwig 1995, 29)

Was aber, wenn die 'Fehler' potenziert werden? Vier oder zwölf Augen sehen nicht genauer als zwei, sondern vor allem: etwas anderes.

Die Nicht-Übereinstimmung kann mehrere Gründe haben: die Beurteilenden haben jeweils etwas anderes gesehen; sie verstehen die Begriffe, in denen sie ihr Urteil ausdrücken (müssen), verschieden; sie können nicht alles sehen und nicht zuletzt: sie können und/oder wollen nicht (genau) sagen, was sie gesehen haben. Es gibt für alle Beteiligten gute Gründe, Beobachtungen und Beurteilungen nicht unzensiert (oder sogar: absichtlich verfälscht) an Dritte weiterzugeben.

Das in der Gruppendynamik häufig genutzte Johari-Fenster bietet eine eingängige Visualisierung des Nicht-Sehen-*Könnens*. Es geht von zwei Urteilsquellen aus: Fremd- und Selbstbeurteilungen. Für beide gilt, dass ihnen jeweils nur ein Teil des Beurteilten bekannt, ein anderer unbekannt ist. Damit ergeben sich vier Felder (s. Abb. 1).

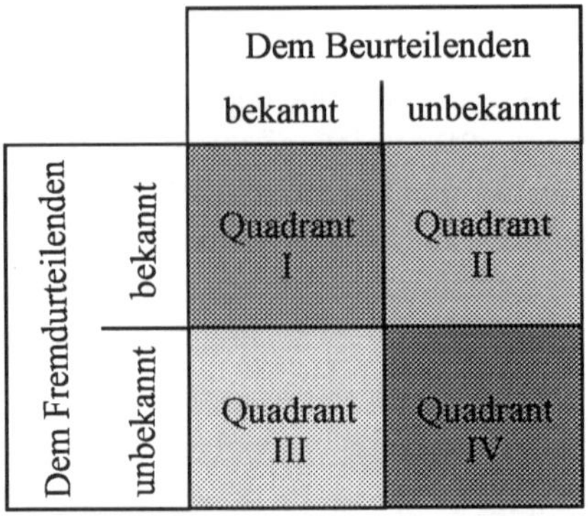

|  | | Dem Beurteilenden | |
|  | | bekannt | unbekannt |
|---|---|---|---|
| Dem Fremdurteilenden | bekannt | Quadrant I | Quadrant II |
| | unbekannt | Quadrant III | Quadrant IV |

Abb. 1:    Das Johari-Fenster

Beim besten Willen kann die sich selbst beurteilende Person über die Quadranten II und IV keine Aussage machen; Analoges gilt für die fremdbeurteilende Person in Bezug auf die Quadranten III und IV. Übereinstimmend könnte somit nur in Quadrant I geurteilt werden. Allerdings gibt es eine Menge von Gründen, warum es auch dann nicht zu einer Aussagenkonvergenz kommen muss: Man sagt nicht, was man weiß (um sich oder den anderen in kein schlechtes Licht zu rücken) oder man sagt etwas anders, als man weiß (um sich günstiger zu präsentieren oder die andere Person besser oder schlechter aussehen zu lassen). Gesellschaftliche Konventionen (Notlügen, Höflichkeit und Takt, Diplomatie) oder Angst, Vorsicht und Heuchelei sorgen dafür, dass insbesondere über Mängel bestenfalls verklausuliert oder beschönigend geredet wird – und man muß Erfahrung und Feingefühl haben, um derartige Aussagen 'richtig' dechiffrieren zu können.

Eine analoge Typisierung lässt sich aus Angaben bei Antonioni (1996) rekonstruieren. Er unterscheidet (siehe Abb. 2) zwei Dimensionen: *Erwartung* (was rückgemeldet wird, ist entweder unerwartet oder erwartet – es geht also um die Diskrepanz zwischen Selbst- und Fremdbeurteilung) und *Bewertung* [die Rückmeldung wird positiv (als Bestätigung/Lob) oder negativ (Änderungsbedarf/Kritik) erlebt]. Entsprechend der Benennung der Quadranten lassen sich vier Typen unterscheiden:

**e-n**: übereinstimmend erkannte Verbesserungsmöglichkeiten,

**u-n**: bislang unbemerkte Verbesserungsnotwendigkeiten,

**e-p**: bestätigte Stärken,

**u-p**: verborgene Stärken.

*Jeder* dieser Typen ist wertvoll und hilfreich, aber sie lösen in unterschiedlichem Ausmaß Klärungs- bzw. Begründungsbedarf und (gemeinsame) Suche nach Verbesserungen aus. Antonioni fand die in der Abbildung eingetragenen Häufigkeitsverteilungen. Es ist überraschend zu erfahren, dass fast die Hälfte der Feedbacks für die Vorgesetzten 'unerwartet' waren.[2]

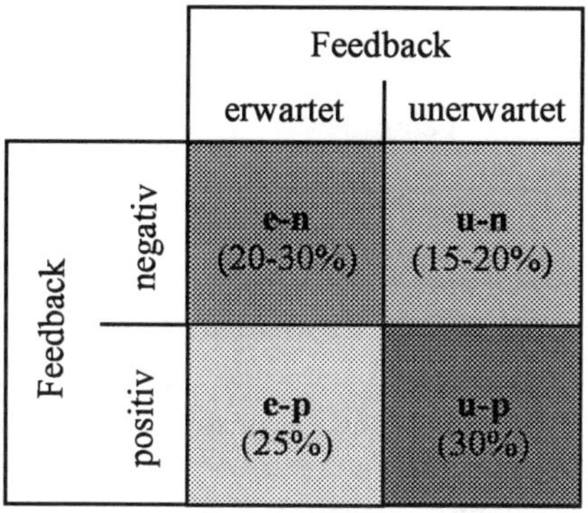

Legende-Beispiel:
ca. 25% der Feedbacks, die Führungskräfte erhalten haben, waren erwartet/positiv (**e-p**), ca. 30% waren unerwartet/negativ (**e-n**).

Abb. 2:  Verteilung unterschiedlicher Typen von Feedback an Vorgesetzte durch unterstellte MitarbeiterInnen (nach Angaben bei Antonioni 1996, 26 u. 30).

Es gibt mehrere Möglichkeiten der Nicht-Übereinstimmung von Urteilen verschiedener Feedbackgeber und Divergenz von Urteilen mit Vorgaben oder Erwartungen (siehe dazu das Demonstrationsbeispiel im Anhang S. 81). Die fehlende Urteilsübereinstimmung ist ein zentrales Problem des 360°-Feedbacks.

Für die These, dass es normalerweise(!) zu *keiner* Urteilskonvergenz kommt, gibt es schon seit langem überzeugende empirische Belege. In einer großen Zahl von Studien haben bereits Nachreiner (1978) und Allerbeck (1977) gezeigt, dass sich die Urteile unterstellter MitarbeiterInnen über ihre Führungskraft keineswegs decken (was der Fall sein müsste, wenn alle ein identisches Objekt – das reale Führungsverhalten – objektiv bewerteten). Die Studien kommen im Allgemeinen zu dem Schluss, dass weniger als ein Drittel der Varianz der Vorgesetzenverhaltensbeschreibungen auf die Varianzquelle "Führungskraft" zurückzuführen ist, im Regelfall sind es sogar weniger als 10%!

---

2   Zuweilen wird das Argument geäußert, 360°-Feedbacks förderten nichts zu Tage, was der Führungskraft nicht ohnehin bekannt sei. Dazu gibt es das einfache Testverfahren, *vor* der Befragung die mutmaßlichen Ergebnisse prognostizieren zu lassen: "Zumindest einige der Prognosen sind immer ganz falsch" (Borg 1997, 68).

In der Tab. 2 sind (auf der Grundlage einer großzahligen Erhebung) Selbst- und Fremdeinschätzungen von Vorgesetzten einander gegenübergestellt. Der ins Auge fallende Befund ist, dass es zum Teil erhebliche Differenzen gibt, wobei hier nur *Mittel*werte berichtet werden. Es ist davon auszugehen, dass *einzelne* BeurteilerInnen diametral andere Einschätzungen abgaben als andere und als die beurteilte Führungskraft selbst. Wer hat nun recht? Wer hat sich der Wahrheit am meisten angenähert?

Lapidar resümiert der Personalchef von Reynolds seine Erfahrungen mit Beurteilungen von unten. Er habe zwei Dinge gelernt:

"Erstens: Führen ist schwer. Zweitens: Jeder Mitarbeiter erwartet von seinem Chef etwas anderes" (Leendertse 1999, 191).

Führungsverhalten sollte nicht wie eine stabile Eigenschaft konzeptualisiert werden (eine Person hat ein bestimmtes Ausmaß an Kritik-, Konflikt-, Team- oder Entscheidungsfähigkeit), sondern als ein Interaktionsprozess und damit prinzipiell als eine Koproduktion. Beteiligt sind neben der Führungskraft: die Geführten und die Situation, die Geschichte, geltende Normen etc. Ein bestimmtes(?) Geschehen ist nicht 'ein und dieselbe Episode', die aus verschiedenen Blickwinkeln jeweils gleich gesehen wird.

Vielmehr ist es wie beim Film Rashomon: Jeder erzählt eine andere Geschichte. Die beurteilte Führungskraft hat mit jedem Beurteilenden eine spezifische Beziehung und eine einmalige Geschichte. Ein leistungsschwacher fauler Unterstellter beschreibt gegebenenfalls das Verhalten seiner Vorgesetzten zu recht als fordernd, kritisierend, kontrollierend, während eine selbständige, kompetente und einsatzfreudige Kollegin dieselbe Chefin als konstruktiv anerkennend, delegierend und 'am langen Zügel führend' einstuft. Beide haben recht – aber welchen Sinn machte es, ihre Einschätzungen zu mitteln, um dem 'wahren' Führungsverhalten nahe zu kommen?

Und: Wie stabil ist das beurteilte Verhalten? Wie zuverlässig können die Beurteilenden es einschätzen? Konkret gesagt: Auf wie viele Vorfälle, die man selbst miterlebt hat, muss man zurückgreifen können, um einen bestimmten Verhaltenszug als typisch und nicht zufällig oder den konkreten Umständen geschuldet bezeichnen zu können? Genügt ein einmaliger Wutausbruch der Chefin, um sie als impulsiv, unbeherrscht, aggressiv, unfreundlich usw. einstufen zu können? Banal gefragt: Wie viele Wutausbrüche muss einer miterlebt haben, um das obige Urteil zurecht zu fällen? 5? 30? Und sollte man nicht konsequenterweise dazu ermuntern, sich alle relevanten Vorkommnisse jeweils systematisch zu notieren, um dann später auf 'Fakten' zurückgreifen zu können? Was wären die Nebenwirkungen eines dergestalt objektivierten Vorgehens?

|  | Selbsteinschätzung der Vorgesetzten | Fremdeinschätzung durch Mitarbeiter (MA) |
|---|---|---|
| Autoritärer Führungsstil | 29 % | 70 % |
| Alle MA verfügen über den gleichen, guten Infostand | 85 % | 40 % |
| Alle MA werden über wichtige Entscheidungen informiert | 80 % | 43 % |
| Ziele werden MA transparent gemacht | 90 % | 56 % |
| Den MA werden ihre Aufgaben/Ziele sorgfältig erläutert | 75 % | 50 % |
| Umfassende Handlungs- und Entscheidungsspielräume der MA | 87 % | 66 % |
| Entscheidungsbeteiligung der MA an Vorgesetzten-Entscheidungen | 79 % | 7 % |
| Konstruktive Rückmeldung an MA (Anerkennung) | 72 % | 39 % |
| Habe feines Gespür für die Stimmung der MA | 64 % | 35 % |
| Erkenne Sorgen und Probleme der MA und reagiere darauf | 53 % | 30 % |
| Wahrnehmung privater Probleme bei den MA | 87 % | 48 % |
| Fördere jeden MA, der sich einsetzt | 81 % | 65 % |
| Gebe den MA die Chance, sich nach oben hin zu profilieren | 88 % | 45 % |
| Ebne den MA die Karriere | 79 % | 49 % |

Tab. 2: 900 MitarbeiterInnen bewerten das Führungsverhalten ihrer 150 Chefs [Wirtschaftswoche 1994 (11); hier zitiert nach Grunwald (1995, 98)]

Thönnessen (1999) berichtet über einen Weg, den Bayer bei der Vorgesetztenbeurteilung gegangen ist. Weil sich gezeigt hatte, dass MitarbeiterInnen ihre Führungskraft sehr heterogen beschreiben, stützte man sich nicht auf die Auswertung der einzelnen Ist-Urteile, sondern arbeitete mit Differenzwerten, die aus Ist- und Soll-Einschätzungen gebildet wurden [denn: "Tatsächlich haben alle Mitarbeiter auf *beiden* Seiten ganz Unterschiedliches angekreuzt" a.a.O. 103, Kursivsetzung O.N.]. Zu jeder von insg. 37 Fragen (siehe unten) mussten die Befragten 2 Urteile abgeben: einmal zum 'Ist', zum anderen zum Soll, dabei waren für jede Frage 4 Abstufungsmöglichkeiten vorgesehen. Am folgenden Beispiel soll das veranschaulicht werden (s. Thönnessen 1999, 101):

| Er/Sie | Ist | Soll |
|---|---|---|
| - spricht nicht über Ziele und Aufgabenschwerpunkte | ☐ | ☐ |
| - gibt sporadisch Ziele und Aufgabenschwerpunkte vor | ☐ | ☐ |
| - legt in der Regel Ziele und Aufgabenschwerpunkte fest | ☐ | ☐ |
| - vereinbart mit den Mitarbeitern Ziele und Aufgaben schwerpunkte | ☐ | ☐ |

Es wurde dann pro Item ein sog. 'Übereinstimmungswert' errechnet, der von den absoluten(!) Differenzen zwischen Soll und Ist ausgeht. Er gibt "die Summe der Differenzen im Urteil der Mitarbeiter im Verhältnis zu der maximal möglichen Abweichung wieder" (a.a.O., 103). [Weitere Beispiele für Befragungen, in denen entweder Ist- und Soll-Werte oder Ausprägungen und Gewichtungen erhoben werden, sind im Anhang S. 88 und 89) abgedruckt].

Die einzelnen Beurteilenden definieren also pro Item ihr jeweils subjektives Soll und Ist. Es ist aus den zusammengezählten Antworten der verschiedenen BeurteilerInnen allerdings nicht zu entnehmen, ob sich ihre Einstufungen inhaltlich und im Ausprägungsgrad auf das Gleiche beziehen (sie können an ziemlich Unterschiedliches denken und sehr verschiedene Maßstäbe angelegt haben!). Entscheidend ist nur, dass sie im Fall einer Differenz (sei nun das Ist höher oder niedriger als das Soll) unzufrieden sind, sodass Handlungsbedarf besteht. Will man inhaltlich etwas erfahren/tun, muss man offen miteinander reden, um herauszufinden, woran die FeedbackgeberInnen gedacht haben, als sie ihre Kreuzchen machten.

Gesamturteile über Personen werden vermutlich nicht aus lauter einzelnen Beobachtungselementen aggregiert. Es gibt Anlass zu der Annahme, dass die Urteilsbildung anderen Regeln folgt: Auf Grund weniger Indizien wird eine Person einem *Prototypen* zugeordnet (z.B. 'autoritärer Fürst', 'Softie', 'detailbesessener Fachmann' usw.) und dieses Vor-Urteil determiniert, was im Folgenden gesehen und bewertet wird.

"Vielmehr ordnet der Mitarbeiter die Person seines Vorgesetzten sofort bestimmten prototypischen Globalkategorien zu. Prototypen sind in diesem Fall Personen, die die in Frage kommenden Merkmale auf besonders eindrucksvolle Weise in sich vereinigen" (Daumenlang & Handwerker 1995, 113); s. dazu auch die Ausführungen in Becker (1992, S. 202) zum automatischen vs. kontrollierten Kategorisieren.

Abweichende Eindrücke werden dann diskontiert (übliche Formeln: es hat sich um eine Ausnahme gehandelt, es war den Umständen geschuldet, die Person hat sich in diesem Fall zusammengerissen oder verstellt ...).

Alle Beurteilenden nehmen komplexe Interpretationen vor, wenn sie die Vorgeschichte, das Verhalten Dritter, das eigene Dazutun, die konkreten Umstände (Zeitdruck, Stress, Ressourcensituation) mit berücksichtigen, um letztlich eine Zurechnung vorzunehmen, der allerdings eine andere Person, die andere

Informationen hat und diese unterschiedlich gewichtet und wertet, diametral widersprechen kann. Eine Aufklärung kann man nur erreichen, wenn man das Zustandekommen der Deutungen(!) offenlegt, also statt eines Urteils tatsächlich ein *Feedback* (im kommunikationstheoretischen Sinn) gibt, bei dem der Feedbacknehmer nachfragen, klären, erläutern usw. kann, sodass das *gegenseitige* Verständnis der Situation gefördert wird. Genau das aber ist bei der typischen anonymen Beurteilung nicht möglich. Das erklärt auch, warum es die meisten PersonalspezialistInnen für sinnvoll halten, das schriftliche Urteil mit der beurteilten Person zu diskutieren (z.B. in einem moderierten Workshop, siehe unten), um sinnvolle Konsequenzen ziehen zu können. Damit wird notwendigerweise die Anonymität aufgehoben. Wenn man sich aber sowieso offen austauschen kann, braucht man kein schriftliches Feedback! Das strukturierte formalisierte Beurteilen ist also bestenfalls ein erster Schritt, dessen Künstlichkeit unmittelbar dazu anregt, öfter, gründlicher oder konkreter miteinander zu reden.

Anders ist die Lage, wenn eine Führungskraft ein Terrorregime praktiziert und ihre MitarbeiterInnen das Feedback als Hilferuf an Dritte und als eine lang ersehnte Chance sehen, 'die Zuständigen' endlich auf die verfahrene Situation aufmerksam zu machen, damit etwas geschieht. Das ist ein doppeltes Armutszeugnis: einmal für die MitarbeiterInnen, die keine anderen Wege gefunden haben, auf sich aufmerksam zu machen und zweitens vor allem für die (höheren) Vorgesetzten, denen die Malaise bisher unbekannt war. In dieser Situation wird sichtbar, dass das Feedback gar nicht an den vermeintlichen Empfänger adressiert ist, sondern polypengriffartig Stabsstellen oder höhere Vorgesetzte hineinziehen soll.

Die Lage wird noch komplizierter, wenn mit der *Rundum*-Beurteilung ernst gemacht wird und zusätzlich zu den Aussagen der Unterstellten noch die Einschätzungen von KollegInnen, höheren Vorgesetzten, anderen internen und evtl. sogar externen Kunden herangezogen werden. Können diese Gruppen überhaupt dieselben Items zur Beurteilung nutzen? Haben sie die empirische Basis, um zu allen Beurteilungspunkten fundierte Aussagen zu machen oder müssten sie nicht fairerweise bei vielen Statements von der – meist nicht vorgesehenen – Antwortmöglichkeit Gebrauch machen: "Kann leider nichts sagen, weil ich dazu keine Beobachtungen machen konnte"? Vergleichbarkeit kann man allenfalls dadurch erreichen, dass man auf die hohe Abstraktionsebene von Eigenschaften (Persönlichkeitskompetenzen) ausweicht, damit aber wenig hilfreich ist für den Feedbackempfänger: Es ist ihm wenig gedient, wenn er erfährt, dass andere z.B. seine Sozialkompetenz als verbesserungsfähig ansehen.

25

Die eigentliche Innovation des Verfahrens (Rundum, 360°, Panoptikum) erweist sich bei näherem Zusehen als ziemlich wertlos, wenn es um faktisch fundierte Aussagen geht. Es müsste für die verschiedenen Gruppen verschiedene Fragebogen geben – und damit wäre es vorbei mit der gepriesenen Vergleichbarkeit der Einschätzungen, wie sie etwa bei Balkendiagramm-Visualisierungen unterstellt wird, bei denen man darüber rätseln kann, warum die KollegInnen zum selben Item andere Aussagen gemacht haben als die Unterstellten und diese wiederum andere als weitere Kontaktpersonen aus anderen Abteilungen (Kunden) oder die beurteilte Person selbst (s. z.B. die verschiedenen Darstellungsformen in Nothnagel 1998, 103 oder die empirischen Ergebnisse in Binder & Weider 1998, 28). Würde man abgehen von der Annahme, es gäbe das 'eigentlich' richtige Urteil (dem man sich durch den Mittelwert der verschiedenen Einzelantworten annähert), dann könnte man gerade die Unterschiedlichkeit (Streuung) der Antworten als zentrale Information nutzen und sich Gedanken darüber machen, warum sie zustande kam – und normalerweise führt das zu der Konsequenz, die Urteilenden und Beurteilten miteinander ins Gespräch zu bringen.

Der in der Praxis üblicherweise gewählte Ausweg ist – wie erwähnt – Beurteilungsitems vorzugeben, die so allgemein formuliert sind, dass alle damit etwas anfangen können [z.B.: "Informiert rechtzeitig" (oder: umfassend/häufig/ungefragt/systematisch); "Stellt sich vor seine Leute"; "Anerkennt gute Leistungen" o.ä.] – und damit handelt man sich leider all die Probleme mit der Entkontextualisierung ein, die auf S. 33 f. beschrieben werden.

Außerdem: Kann unterstellt werden, dass die verschiedenen Urteilenden *unabhängig* bewerten (alle 'für sich')? Je enger sie zusammenarbeiten, desto mehr reden sie miteinander (auch unabhängig von der Beurteilung) und erzeugen oder validieren ihre jeweiligen Auffassungen über die beurteilte Führungskraft? Gerade bei mehrdeutigen Vorlagen kommt der sozialen Vergewisserung eine wichtige Rolle zu. In einer solchen Situation vermengen sich unauflöslich eigene Wahrnehmungen, Berichte und Stereotypisierungen (Image, Reputation). Haben sich Fraktionen oder Lager gebildet, werden Feedbacks unterschiedlich ausfallen, wobei kaum ermittelt werden kann, welches Gewicht selbst erlebte, von anderen berichtete und generell der Rolle zugesprochenen Merkmale zur Urteilsbildung beitragen.

Schon innerhalb einer Person kann man je nach Kommunikationssituation zum selben Beurteilungsgegenstand (hier: Führungskraft) unterschiedliche Meinungen finden.

Zu den möglichen Varianten gehören:

- die persönliche Bewertung (private Meinung, nicht mitgeteilt, 'im Innersten seines Herzens'),

- die im Gespräch frei formulierte Auffassung (im informellen Gespräch mit Freunden und Vertrauten dürfte sie anders ausfallen als vis-à-vis der Führungskraft oder in einem offiziellen Setting),

- die anonyme schriftlich fixierte Einstufung in einem vorstrukturierten Fragebogen,

- die Formulierung im Arbeitszeugnis,

- die Aussage in einem Kündigungsgespräch vor einer Personalreferentin (oder in einem Interview sechs Monate nach der Kündigung) ...

Was davon ist die wahre Meinung – oder gibt es mehrere Wahrheiten?

Bei jeder Beurteilung entsteht überdies unweigerlich ein Maßstabsproblem, denn es soll normalerweise nicht konstatiert werden, *dass* ein bestimmtes Verhalten vorkam, sondern man muss sagen, ob es *oft* auftrat, stark *ausgeprägt* war, *angemessen* war etc. Es geht also um eine subjektive (oder kollektive) Norm, an der das eigene Urteil orientiert wird. Insofern beurteilt man in jeder Beurteilung (auch, vor allem) *sich selbst*, weil man das eigene Erwartungs-, Gewöhnungs- oder Anforderungsniveau zu Grunde legt. Vom Zahlenwert her gleiche Einstufungen können sich also auf höchst unterschiedliches Verhalten beziehen (und umgekehrt, was einer der Gründe für die Streuung der Urteile in einer Beurteilerpopulation ist). Ein Teil des organisationalen Sozialisationsprozesses ist darauf gerichtet, die Erwartungen zu homogenisieren und zu stabilisieren, die man 'vernünftigerweise' in Bezug auf Vorgesetztenverhalten hat. So ist zu erwarten, dass Teams, die sehr lange zusammenarbeiten, eher in ihren Urteilen übereinstimmen als neu zusammengestellte.

Strenge oder Milde, Offenheit und Konstruktivität der Bewertungen sind somit auch Ausdruck der Beziehungsqualität (Klima). Beim 360°-Feedback wird man auf der Schiene des 'Abwärtsurteils' auch zu bedenken haben, dass eine Führungskraft, die bei einem unterstellten Vorgesetzten Mängel konstatiert, sich vorhalten lassen muss, dass sie diese Defizite schon längst hätte abstellen sollen. Auch hier gilt, dass eine Beurteilung stets auch eine Selbstbeurteilung impliziert; nicht nur das Gesicht der anderen Person, sondern auch das eigene ist zu wahren.

Es kann also nicht abschließend geklärt werden, fehlende Beurteiler-Übereinstimmung ein Problem der Inter-Rater-Reliabilität oder der Validität ist (Reliabilität steht für verlässliche, übereinstimmende, stabile Erfassung, Validität für die Übereinstimmung zwischen Maß und Gemessenem bzw. die Gültigkeit der Schlussfolgerungen, die aus einem Maß gezogen werden). Für mangelnde, ebenso wie für gute Übereinstimmung gibt es so viele unterschiedliche Gründe, dass man nicht einfach zur Tagesordnung der Aggregation der Daten zu einem Mittelwert schreiten kann.

Wiendieck berichtet über eine Vorgesetztenbeurteilung in einem 800-Mitarbeiter-Unternehmen, das er Logserv nennt:

> "Die Präsentation der Untersuchungsergebnisse hatte bei 'Logserv' eine lebhafte Diskussion über ihre Bedeutung und Aussagekraft ausgelöst. Hierbei wurde häufig auf Beispiele verwiesen, bei denen das Bild der Mitarbeiter mit anderen Erfahrungen kontrastierte. In einem Fall war die Führung eines Bereichs sehr positiv beurteilt worden, zugleich gab es in diesem Bereich eine Reihe von 'Schlampereien' und ‚Unregelmäßigkeiten'. Vermutlich war gerade die duldsam nachlässige Art der Vorgesetzten Ursache für beides" (Wiendieck 1997, 398).

Dass eine hohe Beliebtheit nicht unbedingt auch eine gute Leistungsbewertung bedeutet, wird durch das folgende Beispiel belegt:

> "Seit zwölf Jahren schon lässt der Chef der Mensch und Maschine Software AG im bayerischen Wessling seine 100 Beschäftigten selbst bestimmen, wer eine Gehaltserhöhung bekommt. Zweimal im Jahr rechnet er die Löhne aller Mitarbeiter zusammen und schüttet darauf eine dreiprozentige Gehaltserhöhung aus. Wer davon in welcher Höhe profitiert, wird in einer geheimen Abstimmung ermittelt. 'Über sich selbst darf niemand abstimmen', so Drotleff, der zudem eine Art Liebesbarometer eingeführt hat. Die Mitarbeiter sagen, wer mehr Geld bekommt und wählen gleichzeitig den beliebtesten Kollegen. 'Die Sympthieumfrage ist ein Ventil', so Drotleff. 'Sie soll Kollegen, denen man mehr Geld verweigert hat, zeigen, dass man sie persönlich schätzt" (Leendertse 1999, 194).

Selbst ein so erfahrener Autor wie Domsch lässt sich zu windelweichen Formulierungen hinreißen, die die Schwierigkeit der Gültigkeitsermittlung einer (Aufwärts-)Beurteilung offenlegen:

> "Validität stellt sich somit nur noch als die Frage dar, inwieweit die Ergebnisse in *etwa wirklich* die Meinungen der Mitarbeiter über das Verhalten ihres Vorgesetzten hinsichtlich der unterstellten Kategorie *einigermaßen korrekt* wiedergeben" (Domsch & Ladwig 1995, 29; *Kursivdruck* O.N.).

Schönsee fand,

> "dass über 80% der Mitarbeiter angaben, den Vorgesetzten so bewertet zu haben, wie sie ihn wirklich sehen; der größere Teil der restlichen Mitarbeiter gab an, den Vorgesetzten positiver eingeschätzt zu haben. ... In derselben Studie gaben nur ca. 48% der Vorgesetzten an, sich so eingeschätzt zu haben, wie sie sich tatsächlich sehen. Tendenziell neigen hier Vorgesetzte zu einer kritischeren Selbsteinschätzung" (Köhler 1995, 68). An anderer Stelle (Hofmann et al. 1995, 103) stellen die Autoren unter Bezugnahme auf dieselbe Datenerhebung fest, dass "die Tendenz zu einem positiveren Selbsturteil ... in der Vorstellung der Vorgesetzten begründet [liegt], dass sie als Führungskräfte den Anforderungen dieser Position genügen müssen und infolgedessen auch keine 'Schwächen' zugeben dürfen."

Hofmann, Schönsee, Blandfort & Köhler (1995) berichten über eine schriftliche Befragung in zwei Werken der BASF. Die Angaben zu den Angeschriebenen und den Rücklaufquoten sind in der folgenden Tab. 3 zusammengestellt.

| | Studie 1 (n = 2179) | | Studie 2 (n= 891) | |
|---|---|---|---|---|
| Vorgesetzte | 233 (angeschrieben) | 98 (geantwortet = 42%) | 91 (angeschrieben) | 69 (geantwortet = 75,5%) |
| Mitarbeiter | 1946 (angeschrieben) | 525 (geantwortet = 27%) | 800 (angeschrieben) | 364 (geantwortet = 45,5%) |

Tab. 3:     Quantitative Daten zur Stichprobe in der BASF-Studie von Hofman et al. (1995)

Aus dieser Aufstellung geht hervor, dass sich weniger als die Hälfte der MitarbeiterInnen zur Vorgesetztenbeurteilung geäußert haben, sodass alle berichteten Befunde unter dem Vorbehalt einer möglicherweise verzerrenden Selektion stehen. Auffällig ist, dass die Vorgesetzten im Allgemeinen wesentlich häufiger positive Konsequenzender Beurteilung (in Bezug auf Führungsverhalten, Zusammenarbeit, Arbeitsmotivation) behaupten als die MitarbeiterInnen. Die Diskussion der Ergebnisse mit der beurteilten Führungskraft wird – wenn ein Moderator mitwirkt – von nur etwa der Hälfte als 'offen' bezeichnet; wirkt kein Moderator mit, stufen sie mehr als zwei Drittel als 'offen' ein. Das Instrument der Vorgesetztenbeurteilung wird (nur) von ca. 50% der MitarbeiterInnen und von fast zwei Dritteln der Vorgesetzen als 'nützlich' bewertet.

## 2.4    Zur Pseudogenauigkeit in der Ergebnispräsentation

Es ist ein eigenartiges Phänomen zu beobachten: Werden die Einstufungen quantifiziert, wird wie selbstverständlich von der Intervallskalen-Natur der Urteile ausgegangen, um sie über mehrere Personen hinweg addieren, mitteln, korrelieren etc. zu können. [Nur so lässt sich z.B. die Aussage machen, dass der Vorgesetzte A in Bezug auf sein Informationsverhalten um 0,8 Punkte ("signifikant!") schlechter beurteilt wurde als die Vorgesetzte B]. Das ist auf dem Hintergrund der oben erörterten komparativen Aussagen mehr als fragwürdig; es kann nur festgestellt werden, dass *im Vergleich zu* ... (setze ein:

früher, anderen, einer Anforderungsnorm etc.) ein Merkmal – z.B.: "Kritisiert vor anderen" – weniger oft (oder öfter) in die vorgegebenen Kategorien 'nie', 'selten', 'manchmal' ... eingestuft wurde. Verschärft wird die Situation dadurch, dass häufig Datenverarbeitungsprogramme eingesetzt werden (SPSS oder auch nur Excel), die Mittelwerte oder Koeffizienten auf vier oder fünf Kommastellen genau ausdrucken, sodass Unterschiede registriert werden, die gar keine sind, weil sie innerhalb des Messfehlerbereichs liegen (wobei unterstellt wird, dass es einen 'wahren Wert' gibt, um den herum die Aussagen schwanken).

Wenn also bei z.b. Balkendiagramm-Darstellungen zum selben Item unterschiedliche Balkenlängen bei den Selbst-, Unterstellten- und Vorgesetztenurteilen mitgeteilt werden (siehe z.B. Binder & Weider 1998), müssen dem keine 'realen' Unterschiede entsprechen, weil die Urteilenden über Verschiedenes Aussagen gemacht haben, weil sie unterschiedliche Bezugsnormen haben, weil Messwiederholungen zeigen würden, dass dieselben Befragten oder die gleiche Befragtengruppe zu anderen Zeitpunkten andere Einstufungen vornehmen, weil die Streubereiche der Einzelurteile groß sind: Die Urteile sind gar nicht so valide, stabil oder reliabel, wie unterstellt wird.

Quantifizierung und Pseudoexaktheit sind Techniken des symbolischen Managements, die die Akzeptanz des Verfahrens sichern oder steigern sollen. Es wird der Anschein von Seriosität, Wissenschaftlichkeit, Professionalität etc. erzeugt, der Laien davon abhält, die Prozedur in Frage zu stellen. In den Bereich des *symbolic managements* gehören auch andere Verfahrensmerkmale, wie z.B. grafisch gut gestaltete Erhebungsformulare, umfangreiche Ergebnistabellierungen und ansprechende Visualisierungen, Gewinnung organisationsinterner Machtpromotoren als Paten, Heranziehen von renommierten Beratungsfirmen oder WissenschaftlerInnen als Garanten dafür, dass man auf der Höhe der Zeit ist, die Sache sehr ernst und wichtig nimmt, nicht herumexperimentiert und dilettiert, sondern profitiert von Erfahrung und Knowhow neutraler ExpertInnen, die in Fachkreisen einen hervorragenden Ruf haben.

## 2.5   Eine Skizze des Beurteilungsprozesses

Eine vorsichtige Bewertung der Möglichkeiten von Beurteilungsverfahren wird auch durch die Auseinandersetzung mit dem komplexen und hoch selektiven *Prozess der Beurteilung* nahegelegt. In der Abb. 3 ist dieser Prozess in seinen Grundlinien skizziert (s. dazu auch Schuler 1978, Neuberger 1981b, Trost 1997). [Im Anhang 4 (S. 100 f.) wird ein weiteres Feedbackmodell skizziert].

Diese Darstellung soll kurz kommentiert werden:

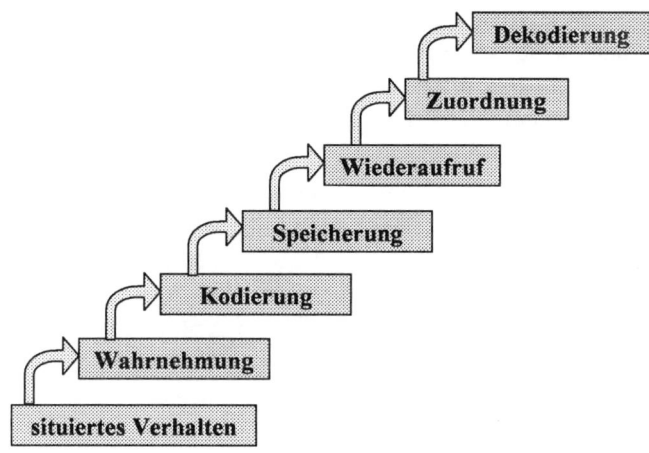

Abb. 3:    Skizze des Beurteilungsprozesses (Erläuterungen im Text)

*Situiertes Verhalten*

Ausgangspunkt ist das 'situierte Verhalten'. Damit ist gemeint, dass jegliches Verhalten verschränkt ist mit den aktuellen situativen Bedingungen seines Auftretens, sodass die Zurechnung auf personale Dispositionen übersieht, dass der Löwenanteil des Verhaltens nicht durch die Person, sondern die Umstände festgelegt ist (s. dazu auch Abb. A-4.1 im Anhang, S. 100).

*Wahrnehmung*

Ein weiterer Schritt thematisiert, dass das relevante Verhalten wahrgenommen werden muss. Beobachtet wird aber nur ein womöglich sehr kleiner Teil des Verhaltensspektrums einer Person, der noch dazu beobachterspezifisch akzentuiert oder durch die Situation des Beobachtens verzerrt ist: eine Mitarbeiterin sieht ihren Chef, den sie beurteilen soll, nur bei bestimmten Gelegenheiten und wie er sich ihr gegenüber verhält, hat viel mit ihr, nicht nur mit ihm zu tun.

*Kodierung*

Das erlebte Verhalten muss, damit es an Dritte kommuniziert werden kann, kodiert werden. Beobachtende wählen aus dem ihnen verfügbaren, meist beschränkten sprachlichen Repertoire kennzeichnende Begriffe aus oder sie müssen ihre oft komplexen Wahrnehmungen den auf einem Fragebogen vorgegebenen Items und Abstufungen zuordnen. Letzteres kann sogar dazu führen, dass man 'eigentlich' gar kein relevantes Verhalten beobachtet hat, weil aber gezielt danach gefragt wird, kreuzt man eine Antwortalternative an, obwohl man keine direkt passenden Erinnerungen hat. Es ist auch nicht immer gewährleistet, dass die vorgegebenen Beurteilungsmerkmale und Abstufungenvon allen Beteiligten (Beurteilenden, Beurteilten, dritten LeserInnen der Beurteilung) gleichsinnig verstanden werden.

Um ein kleines Beispiel für die nötigen Reduktionsleistung zu geben, sei kurz auf die sog. Distraktoren eingegangen (die anzukreuzenden Ausprägungsgrade zur quantitativen Einstufung der abgefragten Merkmale). Meist werden *Häufigkeits*ausprägungen genutzt. Zum Item "Informiert uns" werden dann etwa folgende Abstufungen angeboten: "immer – oft – meistens – selten – nie". Denkbar wären aber auch alternative Distraktoren:

- Gewichtung (wichtig ⇦⇨ unwichtig),
- Strukturiertheit (wirr ⇦⇨ gut gegliedert),
- Integration (unzusammenhängend ⇦⇨ stimmig),
- Prägnanz (diffus ⇦⇨ konturiert),
- Zentralität (zentral ⇦⇨ marginal),
- Ambivalenz (eindeutig ⇦⇨ mehrdeutig),
- Verhaltensnähe (konkret ⇦⇨ abstrakt),
- Einbettung (isoliert ⇦⇨ verbunden),
- Stabilität (dauerhaft ⇦⇨ vorübergehend),
- Bewusstheitsgrad (automatisch, intuitiv, unbewusst ⇦⇨ kontrolliert, bewusst),
- Affektbeteiligung (cool ⇦⇨ aufwühlend),
- Realitätsgehalt (realistisch ⇦ weltfern, hypothetisch)
- usw.

Weitere Details, die die Antwortverteilung beeinflussen können, sind die Anzahl der vorgesehenen Einstufungskategorien (1 ⇨ 5, 1 ⇨ 9); das Vorsehen eines Mittelbereichs ('weder/noch', 'unentschieden', 'Mitte') vs. das Weglassen einer solchen Mittelposition; die Anordnung des Mittelbereichs (-3 ⇨ 0 ⇨ +3; 1 ⇨ 3 ⇨ 5); die Vorgabe der Alternative 'weiß nicht', 'keine Antwort'; die Möglichkeit zum Ankreuzen mehrerer Positionen etc.

*Speicherung*

Der Prozess der Speicherung kann - wie der der Kodierung - automatisch oder bewusst kontrolliert erfolgen. Vieles wird vergessen, für die oder in der Speicherung umgeformt, in bestimmte - vielleicht idiosynkratische - Sinnkontexte integriert etc.

## Wiederaufruf

Wenn für den Zweck einer Beurteilung der Gedächtnisspeicher aktiviert wird, setzt einmal mehr ein selektiver und oftmals eigen-artiger Prozess ein. Vergessen, Wiedererinnern, Benennen, Ausdrücken (oder Zurückhalten) sind in hohem Maße situations- und personspezifisch geprägt.

## Zuordnung

Im nächsten Schritt muss das wieder Erinnerte vorgegebenen (nicht selbst gewählten) Kategorien zugeordnet werden, wobei gleichzeitig eine Antwortzensur oder -lenkung erfolgen kann, weil eigene Motive und vermutete fremde Rezeptionsgewohnheiten und Verwendungsabsichten das Antwortverhalten prägen können.

## Dekodierung

Ein letzter Schritt vollzieht einen Akteurswechsel. Das schriftlich fixierte Urteil wird von einer anderen Person (z.B. der Beurteilten, einer höheren Führungskraft, PersonalmitarbeiterIn etc.) gelesen und *von ihr* im Sinne *ihrer* Erwartungen und Absichten interpretiert und genutzt. Weil die Urteilsaussagen entkontextualisiert sind, gibt es breiten Raum für das ‚Hineinlesen' von Motiven, Qualifikationen, Haltungen etc., die die beurteilte Person nicht charakterisieren und von der beurteilenden Person auch (so) nicht gemeint waren.

Diese sehr grobe Skizze des Beurteilungsprozesses soll in Erinnerung rufen, dass Beurteilung kein fotorealistisches Abbilden ist, sondern ein hoch komplexer sozialer, mentaler und affektiver Vorgang, der unter Umständen mehr über Beurteilende, Rezipienten des Urteils und organisationstypische Seh-, Sprach- und Deutungsgewohnheiten verrät als über die beurteilte Person. Das ist zugleich eine Warnung davor, Beurteilungsaussagen allzu blauäugig als Widerspiegelungen der Realität, anstatt als sinn-volle Erfindungen oder Konstruktionen zu verstehen.

Beim Entwurf des Beurteilungsprozesses wurde in erster Linie aus der Perspektive der beurteilenden Person argumentiert. Bei der Interpretation der Resultate durch die Zielperson (und/oder Dritte) spielt sich dann der umgekehrte Vorgang ab. Konfrontiert mit den Einstufungen zu Urteilskategorien Information, Delegation, Motivation, Anerkennung usw. fragt sich z.B. die beurteilte Person, woran wohl die BeurteilerInnen gedacht haben mögen, als sie ihre Wertungen abgaben. Wurde der konditionierende Einfluss der Situation in Rechnung gestellt? Sind unbeeinflussbare Beschränkungen oder Vorgaben, wie z.B. Vor-Entscheidungen anderer Stellen, ungeplante und unplanbare Entwicklungen, unzulängliche Infrastruktur, mangelnde Ressourcen, schlechte Werkzeuge und Materialien, widersprüchliche oder wechselnde Ziele etc. relativierend berücksichtigt worden? Waren die Unterstellten motiviert, absichtlich falsch zu urteilen (um einen Denkzettel zu verpassen, Rache zu üben, eigenes Versagen woanders abzuladen)? Die Beurteilten werden jedenfalls versuchen, ihr Verhalten zu kontextualisieren, zu begründen, zu rechtfertigen, zu entschuldigen, verständlich zu machen usw. Soll man diese Relativierungen in die Beurteilung aufnehmen - oder als bloße 'Ausrede' oder 'Ausflucht' abtun?

## 2.6    Was wird beurteilt?

### 2.6.1  Beurteilungsdimensionen und -merkmale im 360°-Feedback

Wenn man Bewertungsdimensionen vorgibt, die generell oder abstrakt sind (Information, Zielsetzung, Teamfähigkeit usw.), dann abstrahiert man von konkreten situativen Bedingungen und zwingt die Beurteilenden dazu, die Zielperson 'im Allgemeinen' zu bewerten. Sie *muss* entkontextualisiert werden, um sie vergleichbar zu machen. Abstrakte Kategorien zwingen die Beurteilenden, in ihrem Gedächtnis nach Episoden zu suchen, die für die Einstufung von Motivation, Teamfähigkeit usw. taugen. Dabei fließen dann andere bedingende oder interagierende Einflüsse unkontrolliert ein. Eine Alternative dazu wäre, für jede beurteilte Person einen idiosynkratischen (nur auf sie passenden, 'eigenartigen') Satz von Begriffen zu kreieren, mit der Folge, dass dann eine Einzelfallbeschreibung vorläge, die zur vergleichenden Gegenüberstellung und Bewertung nicht taugte.

Betrachtet man das "Was" der Beurteilung, dann findet man in den Veröffentlichungen zur Aufwärtsbeurteilung und zum 360°-Feedback *Führungsfunktionen* (Delegation, Information ...), *Persönlichkeitsmerkmale* (Offenheit, Fairness, Einfühlungsvermögen ...), *Haltungen* (Ergebnis- oder Kundenorientierung, Unternehmertum ...) und *Verhaltensweisen* ("Kritisiert vor versammelter Mannschaft"), *Ergebnisse* ("Ziel X erreicht") [s. dazu Anhang 4, S. 100 ff.].

Innerhalb solcher Hauptkategorien zeigt sich eine außerordentliche Streubreite der Art und Zahl der *Dimensionen*, die berücksichtigt werden und der Art und Zahl der *Items*, mit denen diese Dimensionen operationalisiert oder konkretisiert werden (s. dazu die später folgenden Angaben aus praxisnahen Veröffentlichungen). [Weitere Fragebogen zur Beurteilung von Führungskräften sind in Zander & Knebel (1993, 55-72) und in den auf S. 39 genannten Texten abgedruckt].

Zuweilen werden Begründungen angegeben, warum eine bestimmte Auswahl getroffen wurde. Zwei Argumentationen herrschen vor:

- eine empirische (Man hat auf vorliegende und bewährte andere Instrumente zurückgegriffen, die man für die eigenen Belange adaptiert hat oder man hat selbst Pilotstudien durchgeführt und missverständliche oder kritisierte Items eliminiert) oder

- eine normative (Man hat die Dimensionen und Merkmale unmittelbar aus Führungsgrundsätzen, Unternehmensleitlinien, der Unternehmenstradition, Mission Statements, Strategiepapieren etc. abgeleitet).

Meist werden die Auswahl der Urteilsmerkmale einer Projektgruppe oder einem externen Beratungsteam übertragen, manchmal gibt auch das Top Management die Grundlinien vor. Fast nie wird jedoch die Ableitungstheorie offengelegt: Wie kann man systematisch begründen, dass bestimmte Verhaltensweisen einer Führungskraft zu den 'eigentlichen' Unternehmenszielen beitragen?

Warum werden überhaupt Haltungen und Handlungen beurteilt, anstatt sich auf Ergebnisse zu beschränken (wie es z.B. das Management by Objectives praktiziert)? In keiner Bilanz werden Intentionen, Einstellungen und Verhaltensweisen dokumentiert – entscheidend ist, was auf der *bottom line* steht. *Moral* – als die Lehre vom richtigen Handeln – scheint in einem kapitalistischen System ein sekundäres Kriterium zu sein gegenüber *Resultaten*, wie z.B. Rendite, Cash Flow, Gewinn, Überleben etc. Als Begründung für die Beurteilung der 'weichen Faktoren' wird angeführt:

- *Attributionsproblem*: Manchmal lassen sich Ergebnisse nicht eindeutig bestimmten StelleninhaberInnen zurechnen oder manche Stellen produzieren keine isolierbaren Ergebnisse – man muss deshalb zurückgreifen auf vorgelagerte vermutlich zielführende Verhaltensweisen;

- *Frühwarnsignale, schwache Signale*: Es kann gefährlich sein, auf Ergebnisse zu warten, weil dann das Kind schon in den Brunnen gefallen ist und/oder Eingriffsmöglichkeiten vorbei oder unverhältnismäßig teuer sind.

- *Corporate Identity*, Unternehmenskultur: Gerade Führungskräfte haben Modellfunktion für einen einheitlichen 'Unternehmensauftritt'; sie können dazu beitragen, gewollte Haltungen und Praktiken in der 'Tiefenschicht' der Handelnden zu verankern.

- *Reputation in den Außenbeziehungen*. Das Führungsverhalten korreliert mit Chancen für Imagegewinn oder -verlust gegenüber Arbeitsmarktteilnehmern und Kunden, wenn es Erwartungen der Gesellschaft im Hinblick auf ein bestimmtes internes Verhalten (nicht) bedient.

## 2.6.2 Praxisbeispiele für Beurteilungsmerkmale[3]

Um einen Eindruck von den Vielfalt, Willkür oder Firmenspezifität der Beurteilungsaspekte zu geben, zitiere ich im Folgenden Aufstellungen von Beurteilungsdimensionen.

Im Praxisbericht von Herbst & Heimbrock (1995, 1070) werden für eine Vorgesetztenbeurteilung Fragen-Beispiele und Beurteilungsdimensionen genannt. Ein Itembeispiel (hier in der Variante der Selbst-Beurteilung), das typisch ist für die übliche eigenschaftsorientierte, entkontextualisierte Vorgehensweise (es fehlt also die Relativierung z.B. gegenüber wem, in welchen Situationen, in welchen Funktionen das zu beurteilende Verhalten gezeigt wird):

"Zeigen Sie Durchsetzungsvermögen, ohne die anderen vor den Kopf zu stoßen?"

[Als Antwortmöglichkeiten werden hier Abstufungen von ‚Fairness' vorgegeben (zw. '1' (angemessen) bis '6' (unfair), verbreiteter sind Grade der Häufigkeit (nie - immer) oder Intensität (stark – schwach)].

In dieser Weise sollen insgesamt 12 Dimensionen (a.a.O., 1070) bewertet werden:

Zielvereinbarung – Delegation – Information – Motivation – Konfliktbehandlung - segmentübergreifende Zusammenarbeit - Moderation/Koordination - Zusammenarbeit im Segment - Innovation/Kreativität - Dynamik/Durchsetzungsvermögen – Mitarbeiterförderung - Kontinuierliche Verbesserung.

Binder & Weider (1998) nennen für ihr 360°-Feedback sieben 'Bewertungskriterien' (a.a.O., 24), die sie in insgesamt 44 Items abbilden, die zweimal [einmal nach *Wichtigkeit* und einmal nach *Einschätzung* (der Ist-Ausprägung)] auf einer 5-er Skala eingestuft werden:

Motivation und Delegation – Kommunikationsfähigkeit – Kreativität – Umgang mit Kritik – Teamfähigkeit – Führung und Förderung – Umgang mit Problemen.

Das CALA-Verfahren nutzt 10 Dimensionen (zitiert in Domsch & Ladwig 1995, 25):

Zielvereinbarung – Delegation – Information – Entscheidung – Motivation – Beurteilung – Personalentwicklung – Kontrolle – Konflikthandhabung – Zusammenarbeit.

---

3 Auf mögliche Kategorien von Beurteilungsmerkmalen wird im Anhang 4, S. 100, eingegangen.

In der Lufthansa wurde 1995 ein 64-Item-Fragebogen eingesetzt, der folgende 14 Bereiche erfassen sollte (Pittner 1995, 126):

Unternehmerisch denken und handeln – Verhalten gegenüber Kunden – Zusammenarbeit – Mitarbeiter richtig einsetzen – Mitarbeiter loben und korrigieren – Leistungen und Ideen fordern – Ratschläge annehmen – Dialoge führen – Entscheidungen treffen – Mitarbeiter fördern – soziale Verantwortung tragen – Mit Sachwerten sorgfältig umgehen – Für Sicherheit sorgen – Arbeitsplanung.

Thomas Reichel hat einen Vorgesetzten-Beurteilungsfragebogen von Karstadt abgedruckt (Reichel 1995, 135-6), der 22 Fragen zu sechs aus der Firmenphilosophie abgeleiteten Dimensionen enthält. Die sechs Dimensionen lauten:

[Meine Vorgesetzte, mein Vorgesetzter]... respektiert Meinungsvielfalt – ... schafft Offenheit – ... gewinnt Vertrauen – ... fördert Initiative und Selbständigkeit – ... gibt Anerkennung und Kritik – ... nimmt Weiterbildung und Förderung ernst.

Petra Weider (1995, 163) berichtet über ein Projekt bei einem europäischen Versicherungsunternehmen, in dem sie der Geschäftsleitung "insgesamt 70 verschiedene Items zu Kernkompetenzen aus sieben verschiedenen Bereichen zur Auswahl" anbot. Die Geschäftsleitung hat sich für 13 Kernkompetenzen entschieden, die Weider in folgende acht Kategorien einteilt:

Operatives Management – Bereichs-/Fachwissen – Intellekt – Führungsstil – Interaktionskompetenz – Motivation – Persönlicher Stil – Strategisches Verständnis.

Köhler informiert (1995, 177 f.) über eine Eigenentwicklung der BASF, die zu einem Fragebogen mit 91 Fragen zu elf Dimensionen führte. Die elf Dimensionen:

Fachkönnen – geistige Flexibilität – unternehmerisches Denken und Handeln – Kundenorientierung – Delegation und Erfolgskontrolle – Teamorientierung – Konfliktfähigkeit – Rückmeldung/Beurteilung/Förderung – Akzeptanz/Offenheit – Information/Transparenz - Förderung innovativen Verhaltens.

Heyde (1998, 30) führt in seinem Vorschlag für Inhalte eines 360°-Feedbacks folgende 16 "Fertigkeiten für erfolgreiches Führen" an:

1. Einfallsreichtum
2. Durchführen, was notwendig ist
3. Lernfähigkeit
4. Entschlossenheit
5. Führen von Mitarbeitern
6. Schaffen eines Entwicklungsklimas
7. Umgehen mit schwierigen Mitarbeitern
8. Teamorientierung
9. Rekrutierung begabter Mitarbeiter
10. Aufbau und Verbesserung von Beziehungen
11. Mitgefühl und Sensibilität
12. Aufrichtigkeit und Beherrschung
13. Gleichgewicht zwischen Privatleben und Beruf
14. Selbsterkenntnis
15. Freundlichkeit und Wärme
16. Flexibilität im Handeln

In der Bayer-Vorgesetztenbeurteilung wurden 37 Feedback-Inhalte verwendet (nach Thönnessen 1999, 102). Es waren jeweils vier Ausprägungsgrade für die Einstufung vorgegeben:

| | | | |
|---|---|---|---|
| 1. | Zielvereinbarung | 19. | Ansprechbarkeit |
| 2. | Leistungsanforderung | 20. | Schuldzuweisung |
| 3. | Entscheidungen treffen | 21. | Konfliktverhalten |
| 4. | Standpunkte Vertreten | 22. | Reaktion auf Kritik |
| 5. | Durchsetzung | 23. | Nachtragen |
| 6. | Handlungsspielraum | 24. | Fehler eingestehen |
| 7. | Delegation | 25. | Fairness |
| 8. | Organisation | 26. | Meinungen akzeptieren |
| 9. | Ideenförderung | 27. | Unterstützung |
| 10. | Kreativität | 28. | Arbeitsklima |
| 11. | Informiertheit | 29. | Karrieredenken |
| 12. | Argumentationsverhalten | 30. | Meinungsverschiedenheiten |
| 13. | Diskussionsverhalten | 31. | Zuschreibung von Erfolg |
| 14. | Information | 32. | Versprechungen |
| 15. | Kritisieren | 33. | Unangenehme Aufgaben |
| 16. | Leistungsbeurteilung | 34. | Kompetenz |
| 17. | Anerkennung | 35. | Zuhören |
| 18. | Personalentwicklung | 36. | Prioritäten setzen |
| | | 37. | Kundenorientierung |

Diese Beispiele machen deutlich, dass die Auswahl der abgefragten Inhalte und der vorgegebenen Antwortdimensionen und -abstufungen begründungspflichtig ist, weil es zu jeder dieser Festlegungen Alternativen gibt, die ebenfalls sinnvoll sind, aber andere Ergebnisse und Schlussfolgerungen hervorrufen können.

Orientiert man sich an der reichen Literatur über Führungsverhalten und -stile oder über Führungsauslese (etwa Assessment Center-Anforderungsdimensionen) (s. Neuberger 1996), dann könnte man diese Liste noch ganz erheblich erweitern oder inhaltlich anders fassen. Das belegt nur, dass es keinen unstrittigen Satz von Aspekten gibt, die beurteilt werden müssen, sondern dass jede Unternehmung ihre eigenen Anforderungen setzt und beurteilt, wobei Traditionen, strategische Ziele, Unternehmenskultur, Führungsleitsätze o.ä. die Auswahlbegründung liefern (müssten).

*Hinweise auf weitere Verfahren*: Sehr viele Beispiele für Fragebogen finden sich in der Monografie von Brinkmann (1998); konkrete Itemvorschläge für 10 "Führungsmodule" macht auch Bühner (1998). [Die Module sind: Kommunikation – Information – Kooperation – Zielvereinbarung und -kontrolle – Delegation – Qualifizierung – Gesprächsführung – Feedback – Motivation – Fehlerkultur]. Im Anhang von Slaters (1997) Jack-Welch-Buch (S. 188-196) ist der 360°-Feedback-Bogen von General Electric, bei Ludwig (1994, 654) der Esso-Fragebogen abgedruckt. Jeserich & Fennekels (1988) haben eine stark strukturierte 'Führungsstilanalyse' veröffentlicht. Swets Test Services bietet ein 360°-Feedback ("Benchmarks") an (s. dazu die Rezension von Scherm 1999); ein ähnliches 360°-Feedback-Verfahren gibt es bei der Consultingfirma Saville & Holdsworth unter der Bezeichnung 'Perspectives on Management Competencies' (PMC) [s. dazu Schöning (1998)]. Auf die Angebote von Wildenmann werde ich später noch kurz eingehen.

Über die Kriterien der Merkmalsauswahl finden sich in der Beurteilungsliteratur seit langem allgemeine Aussagen (s. z.B. Neuberger 1981a), wie z.B., dass die Fragen relevant, die Aussagen faktisch belegbar (auf Beobachtungen gründend, verifizierbar), nicht diskriminierend, nicht verletzend und nicht bedrohlich, verständlich formuliert, spezifisch oder konkret, das bewertete Verhalten von der Zielperson tatsächlich beeinflussbar, mit anderen Beobachteten vergleichbar, von den Befragten akzeptierbar etc. sein sollen. Lattmanns (1975) Anforderungsliste enthält die Positionen: erheblich (relevant, von großer Bedeutung), vollständig, voneinander unabhängig (nicht überlappend), unterscheidbar (trennscharf), allgemeingültig, beobachtbar, verstehbar, eindeutig; Nadler (1977, 147 ff.; hier in der Übersetzung von Zeitz 1998, 59) fordert Relevanz, Verständlichkeit, Anschaulichkeit, Nachvollziehbarkeit, Handhabbarkeit, Veränderbarkeit, Vergleichbarkeit, Kontinuität [s. auch die Aufstellungen in Domsch & Ladwig (1995, 27), Trost (1997, 144 ff.), Domsch (1999, 494) und die von Breisig (1998) für das Gesamtverfahren geforderten 'Prinzipien' der Sachgerechtigkeit, Transparenz, Reklamierbarkeit, Beteiligung]. Es sind aber keine Prozeduren bekannt, wie die teils widersprüchlichen Kriterien operationalisiert und die Einhaltung dieser Forderungen überprüft werden können. Am häufigsten findet eine Rechtfertigung statt durch Verweis auf andere AutorInnen bzw. Studien oder auf Probeläufe und Pilotprojekte, die zur 'Verbesserung" des Instruments geführt hätten.

Bögel & v. Rosenstiel (1997, 91) machen an Hand einer Fragenliste deutlich, welche verschiedenen Facetten – und damit Vorentscheidungen – möglich sind, um den Bereich der Befragung(sinhalte) abzustecken:

- Nähe vs. Ferne der Mitarbeiter zum Befragungsgegenstand,
- Problem- vs. Ursachenbezug,
- Person- vs. Situationsebene,
- assertorische vs. interrogative Form,
- offene vs. geschlossene Fragen,
- Zwangsskalen vs. kontinuierliche Skalen,
- ein- vs. zweidimensionale Fragestellung,
- Gegenwarts- vs. Zukunftsbezug,
- Beschreibungs- vs. Bewertungsebene,
- Soll- vs. Ist-Bezug.

Die übliche Praxis, bedenkenlos vorhandene Instrumente zu kopieren oder 'relevante Items' zusammenzustellen, wird damit in ihrer unreflektierten Voraussetzungsfülle entlarvt.

## 2.7 Zwischenresümee: 360°-Beurteilung ist, was man daraus macht

Aus einer metho(dolog)ischen Perspektive gesehen, bleibt das 360°-Feedback weit hinter den hoch gesteckten Erwartungen zurück. Es teilt die Problematik aller strukturierten Beurteilungsverfahren in Organisationen und vermehrt sie noch durch den Anspruch, eine Zielperson von mehreren (allen!) Perspektiven aus zu beurteilen, diese Beurteilungen zu vergleichen und Konsequenzen daraus zu ziehen.

Dennoch muss man das 360°-Feedback-Verfahren nicht rundum ablehnen, weil es wichtige andere Funktionen erfüllt, die vorwiegend im politischen und symbolischen Bereich liegen (s.a. Schettgen 1993 u. 1992): Es diszipliniert die Führungskräfte durch die Erwartung fortwährender allseitiger Beurteilung und nachfolgender Rechtfertigung, fordert die kommunikative Auseinandersetzung mit den Beurteilenden und mündet in Aktionen.

Das 360°-Feedback ist ein Ritual. Rituale sind formalisierte soziale Einrichtungen, die in standardisierter Form abgewickelt werden (Auslösesituationen, Beteiligte, Rollen, Handlungen, Situationsgestaltung, benutzte Materialien sind exakt vorgeschrieben). Die Motive der Teilnahme sind sekundär, es geht um die Verwirklichung einer gesellschaftlichen Funktion. Indem Unternehmen das Ritual 360°-Feedback exekutieren, geben sie den beurteilten Führungskräften eine motiventlastete Prozedur vor, die die Behandlung auch sensibler Belange ermöglicht und verlangt. Als strukturelle Intervention, die nicht auf eine einzelne Person zielt, stellt das 360°-Feedback ein beeindruckend instrumentiertes Programm dar, dessen vorgegebener Ablauf offiziell nicht verändert werden darf (sodass Abweichungen kaschiert werden müssen und mikropolitisch genutzt werden können). Dabei ist es – trotz des Stellenwerts, den diese Frage in der Literatur hat – relativ unwichtig, welche und wie viele Beurteilungsdimensionen und -merkmale vorgegeben werden, ob Ist- und Sollwerte erfasst werden, wie sophistiziert die statistische Auswertung erfolgt u.ä.

Viel wichtiger ist, dass eine geregelte Prozedur existiert, die es erlaubt, bestimmte(!) Probleme einzugrenzen und zur näheren Behandlung zu isolieren. Sie werden als lösbar etikettiert und die Zuständigkeit für ihre Lösung ist festgelegt. Im Unternehmen wird marktliche Konkurrenz (um gute Noten) simuliert.

Wollte man ein zynisches Resümee zur Einführung eines 360°-Feedbacks geben, so ließe es sich in einigen Maximen zusammenfassen:

Grenze Probleme aus, für die du verantwortlich gemacht werden kannst, um sie mit einer 360°-Feedback-Aktion zu lösen oder zu kaschieren.

Finde Machtpromotoren für deine Idee! (Rückendeckung, Flankenschutz). Sorge für 'positive Unruhe' ["Wenn Veränderungen im Denken und Handeln stattfinden sollen, müssen Sie für Unruhe sorgen, um kontrolliert Energien und Emotionen freizusetzen" (Brinkmann 1998)].

Wähle irgend ein Verfahren aus, das gut designed und instrumentiert ist und überzeugend präsentiert werden kann.

Mache viel Tam-Tam um das Verfahren und die (ersten) Ergebnisse. Foren, Schulungskurse, Vorstandsstatements, Werkszeitungs-Artikel, Posters, Faltblätter, Diskussionsrunden, Vorträge von ExpertInnen, Veröffentlichung in (Fach-)Zeitschriften, wissenschaftliche Begleitforschung ...

Sichere dich durch Probeläufe in wohlgesonnenen Abteilungen ab, wirb mit Erfolgen, zeige dich kompromissbereit, um wichtige Promotoren (incl. Belegschaftsvertretung) ins Boot zu bekommen.

Überbewerte die versprochene Momentaufnahme der Wirklichkeit nicht. Nutze sie, um in Einzelfällen Druck zu machen, im Regelfall aber als Vehikel zur Förderung oder Steuerung von Kommunikation und Beziehungen zwischen stakeholders.

Entscheidend ist, dass Interessenten in diesen Interaktionen Probleme definieren und auf ein Format bringen können, das sie handhabbar erscheinen lässt.

In den folgenden Ausführungen sollen Argumente zur Begründung dieser Thesen geliefert werden.

# 3.  Das 360°-Feedback als politische Arena

Bei manchen Darstellungen und Praxisberichten gewinnt man den Eindruck, die Durchführung eines 360°-Feedbacks sei ein rein technisches Vorhaben, bei dem es darum geht, ein komplexes Objekt – Führungsverhalten – zutreffend abzubilden und aus den Ergebnissen Konsequenzen zu ziehen. Es wird dabei unterstellt, dass sich das Ganze modellieren lässt als sachlicher Problemlösungsprozess.

Das ist an den in der Fachliteratur immer wieder genannten Funktionen abzulesen. Wenn z.B. wie bei Zeitz (1998, 74 ff) von Mess- u. Diagnosefunktion, Beteiligungsfunktion, Kommunikationsfunktion, Lernfunktion die Rede ist, dann bleiben die politischen und symbolischen Aspekte unerwähnt: Disziplinierung, Normierung, Sozialisation, Verkleidung eigensüchtiger Interessen usw. Wenn – wie der erwähnte Zeitz an anderer Stelle betont (1998, 55) – Feedbacks *Energie* freisetzen, dann es ist noch lange nicht gesagt, wofür sie eingesetzt wird: in der beschworenen konstruktiven Weise zur besseren Erreichung der Organisationsziele oder aber zur Vertuschung von Mängeln, zur Verschiebung von Verantwortlichkeiten, zur Durchsetzung eigener Interessen und Erlangung privater Vorteile, sogar zum Boykott der Methode. Schon die Diagnose, vor allem aber die Rückmeldung ist eine Intervention und verliert damit die Unschuld bloßen Hinsehens, das die Dinge unberührt und unverändert lässt.

Dass es um mehr geht als nur Datenerhebung und -austausch, zeigt sich an den Empfehlungen für die Einführung und Durchführung des Verfahrens (s. Beleg 1, nächste Seite) und an einigen Besonderheiten der Rundum-Beurteilung, wie z.B. der Anonymität der Datenerhebung, dem Versprechen, dass aus veröffentlichten Ergebnisdarstellungen nicht auf einzelne Beurteilte rückgeschlossen werden kann, der Zusicherung der Freiwilligkeit der Beteiligung, der Regelung der Weitergabe von individuell zuordenbaren Ergebnissen an bestimmte interne Entscheidungsträger etc.

Als kleine Übung sei empfohlen, die Comelli-Thesen (siehe Beleg 1) spekulativ zu lesen. Auf dem Hintergrund welcher Erfahrungen und Vermutungen spricht ein so erfahrener Organisationsentwickler wie Comelli diese Empfehlungen aus? Die Thesen lassen sich interpretieren als eine Zusammenstellung von Maximen zur stärkeren Beachtung der Handlungsrationalität gegenüber der Entscheidungsrationalität; nicht die Maximierung des Wissens, sondern die Optimierung des Erfolgs zählt.

Beurteilungen lösen auch *Emotionen* aus (Angst, Scham, Ärger, narzisstische Kränkungen, Stolz, Genugtuung, Freude etc.) und sind – auf diesen Aspekt möchte ich vertieft eingehen – Instrumente im innerbetrieblichen *Machtkampf,*

> Beleg 1: Comellis "Zehn Thesen zur Vorbereitung und Durchführung eines Sur-
> vey-Feedback-Projektes" (1997, 40 ff).
>
> 1. Keine 'isolierte' Befragung ausschließlich zur Informationserhebung.
> 2. Die Einbindung sozialwissenschaftlicher Kompetenz muss gesichert sein.
> 3. Die entscheidenden Weichenstellungen für den Erfolg geschehen in der Kon-
>    taktphase.
> 4. Ängste und Widerstände nicht unterschätzen.
> 5. Mitarbeiter und Mitarbeitervertretung für das Projekt gewinnen.
> 6. Die Mitarbeiterbefragung in andere (evtl. bereits laufende) Projekte einbinden.
> 7. Schnelle Ergebnis-Rückmeldung und Maßnahmen.
> 8. Prozess-Controlling organisieren.
> 9. *Eine* Mitarbeiterbefragung ist keine Organisationsentwicklung.
> 10. Die Tendenz geht in Richtung mehr Befragungen, spezialisiertere Befragungen
>     und noch schnelleres Datenfeedback.

in dem es darum geht, eigene Interessen durchzusetzen und fremde Kontrolle (Einschränkungen der eigenen Ressourcen, Chancen und Handlungsspielräume) zu minimieren.

Ein charakteristisches Merkmal politischer Situationen ist, dass sie *Ambiguität* brauchen und nutzen. Crozier & Friedberg (1979) haben darauf ihre Machtdefinition abgestellt: Macht ist für sie die Kontrolle von Ungewissheitszonen. Damit liegen sie auf einer Linie mit Foucault, der das Sehen und Sichtbarmachen zu den fundamentalen Machttechniken zählt; es nimmt der anderen Seite das Geheimnis, die Undurchschaubarkeit, die Unberechenbarkeit. Deswegen ist eine der wichtigsten Institutionen moderner Machtapparate die Prüfung (oder – betriebswirtschaftlich gesagt – das Controlling). Die Mikrophysik der Macht besteht darin, umfassende Verfahren zu installieren, die nicht nur die Eigenschaften der Produktion (Quantität, Qualität, Kosten, Schnelligkeit etc.), sondern auch das Verhalten und die Gesinnungen der Produzenten offenlegen sollen. Dabei wird vor allem an die antizipatorische Sozialisation gedacht: der 'Herrscher' muss im Idealfall gar nicht mehr strafend eingreifen, weil die Unterworfenen (subiecta!) schon im Vorgriff darauf, dass ihr Verhalten quasi automatisch registriert wird, ein Fehl-Verhalten vermeiden, das Strafe, Ausgrenzung, Rechtfertigungszwang nach sich ziehen *könnte*. Perfekt ist die Überwachung, wenn nicht mehr Externe sie vollziehen, sondern das Subjekt selbst sie verinnerlicht hat und zur Richtschnur seines Handelns und Denkens das macht, was "der Herr" erwartet.

Das 360°-Feedback ist ein Verfahren, das den Benthamschen Vorschlag einer Gefängnisarchitektur unmittelbar vom Dinglichen ins Prozedurale übersetzt. Bei Benthams 'Panoptikum' – das Foucault zur Veranschaulichung seiner Argumentation wählt – sind die Gefängniszellen in einem Rundbau untergebracht, der um einen zentralen Turm herum angeordnet ist, in dem die Wächter sitzen. Sie haben von ihrem Turm aus direkten Einblick in jede Zelle, während sie selbst nicht gesehen werden können. Jeder Häftling muss also stets davon ausgehen, beobachtet zu werden. Das diszipliniert ihn. Auch beim 360°-Feedback muss die Führungskraft damit rechnen, dass sie stets von irgendeinem der rund um sie postierten Beurteiler beobachtet wird und dass sie – oder der 'Herr' – später das Protokoll der bewerteten Beobachtungen präsentiert bekommen wird. Im Grunde kommt die Führungskraft in eine 'aussichtslose' Position: sie kann es nicht allen zugleich und gleichermaßen recht machen.

Es ist deshalb üblich und notwendig, sich 'unsichtbar' (ungesehen) zu machen, darauf zu zählen, dass nicht pedantisch auf Vorschrifteneinhaltung gepocht wird, dass Regeln missachtet, kreativ interpretiert, gedehnt, außer Kraft gesetzt, neu erfunden werden können, um im Stande zu sein auf komplexe und sich ändernde Bedingungen elastisch und vorteilhaft zu reagieren.

Die Phantasie des 360°-Systems besteht darin anzunehmen, dass eine Person, die von allen erfährt, wie sie gesehen wird, ihr eigenes Verhalten genauer planen und effektiver einsetzen könne. Damit wird völlig übersehen, dass es gar keine Harmonisierung der Erwartungen geben kann, weil die verschiedenen Feedbackgeber(-gruppen) partiell antagonistische positionstypische Interessen haben. Das Wissen um die Erwartungen der anderen ist aus einem zusätzlichen Grund wichtig: um Lücken und Widersprüche der Wahrnehmungen zu identifizieren und zu nutzen!

Deswegen das Bemühen der Subjekte, Souveräne zu werden und die Kontrolle über den Prozess zu behalten; sie müssen verhindern, dass 'persönliche Daten' an Dritte gelangen, deren Interpretationen und Konsequenzen sie nicht mehr steuern können. Darum auch das Bestehen auf Anonymität (zumindest gegenüber Außenstehenden und Höherstehenden), darum der Vorbehalt, selber über Maßnahmen zu entscheiden und sich nach Möglichkeit nicht öffentlich oder gar aktenkundig auf eindeutige einklagbare Maßnahmen/Ergebnisse festzulegen.

So gesehen ist das 360°-Feedback kein unlogischer und konsequenzenloser Akt, wie Sprenger meint (siehe unten), sondern eine strukturelle Interventionstechnik in einem komplexen Machtspiel, die nicht nur die Funktionen hat, die ihr offiziell zugeschrieben werden (Bestandsaufnahme, Stärken-/Schwächenanalyse, Kommunikationsintensivierung, konkrete Verbesserungsaktionen etc.). Sie demonstriert den Führungskräften, dass sie wie alle anderen stets unter Kontrolle und rechenschaftspflichtig sind, dass sie die Erwartungen ihrer BezugspartnerInnen feststellen und befriedigen müssen, dass sie dezentriert werden: nicht alles dreht sich um sie, sondern sie haben sich um alle(s) zu kümmern. In Kenntnis dieser herausfordernden Situation erstarren die Führungskräfte keineswegs in Lähmung oder Resignation, sondern versuchen das Beste zu machen aus den Zwängen, die ihnen auferlegt werden: sie drängen z.B. darauf, dass der Informationsaustausch *vertraulich* bleibt, dass die Urteile *anonym* abgegeben werden (weil sie dann viel leichter abgetan werden können), dass das Verfahren vom Beurteilungs- zum *Kommunikations*prozess transformiert wird, in dem sie Herrinnen des Geschehens bleiben können, dass sie Entwicklungspläne und Maßnahmenkataloge entweder *selbst* festlegen oder mit ihren BeurteilerInnen *aushandeln* können usw.

Sieht man das 360°-Feedback-Verfahren nicht als fertiges Produkt an, sondern als einen OE-Prozess, dann kann man alle einzelnen Prozessschritte, die im Beleg 2 (s. S. 46) zusammengestellt sind, als politische Arenen interpretieren, in denen man sich nicht mit vollendeten Tatsachen abzufinden hat, sondern die man in seinem Sinne und im eigenen Interesse gestalten kann. Ich möchte hier auf die einzelnen Unterpunkte nicht näher eingehen, weil unmittelbar abzuleiten ist, dass sich in allen Phasen taktisch nutzbare Spielräume eröffnen.

## 3.1   Die mikropolitische Bedeutung der Anonymität

Eine wichtige Rolle in der 360°-Feedback-Diskussion spielt das Problem der Anonymität der Beurteilenden. Es wird fast immer betont, dass Anonymität kein notwendiger Bestandteil des Verfahrens sei, dass man aber in der Erst-Durchführung diese Möglichkeit vorsehen solle (um Widerständen und Ängsten zu begegnen). Letztlich aber müsse das Ziel sein, zu einem freien und offenen Meinungsaustausch zu kommen.

Antonioni (1994) fand z.B., dass BeurteilerInnen, die gebeten worden waren, ihre Beurteilungsbögen zu unterschreiben, ihren Vorgesetzten bessere Bewertungen gaben als die anonym urteilenden. Offenbar – darauf weisen Kaul & Geßner (1998, 43) hin – kann man 360° auch als eine Temperaturanzeige lesen: es ist eine heiße, heikle Sache!

Beleg 2: Prozessschritte bei der Konzeption, Implementierung und Evaluation eines 360°-Feedback-Verfahrens (s. auch Domsch & Ladwig 1995, 31 f., Weider 1995, 162 ff., Köhler 1995, 178 f., Pittner 1997, 286, Brinkmann 1998):

1. Initiative
   1.1. Anstoß (von innen oder außen); Ideen-Marketing, Benchmarking; produktive Unruhe stiften
   1.2. Gewinnung von Promotoren
   1.3. Grundsatzentscheidung des Top Managements (‚Freigabe')
   1.4. Zustimmung/Einbindung von Betriebsrat und Sprecherausschuss
   1.5. Prozessverantwortliche bestimmen

2. Planung
   2.1. Ziele festlegen
   2.2. Projektgruppe bilden
   2.3. Verfahren sammeln, prüfen, auswählen, anpassen, neu gestalten
   2.4. Dimensionen und Items festlegen
   2.5. Pilotprojekte (durchführen, auswerten)
   2.6. Beteiligte über das Vorhaben informieren; motivieren
   2.7. Organisation der Vorgehensweise (Druck, Adressen, Verantwortliche)

3. Durchführung
   3.1. Versand, Verteilung, Datenerhebung incl. Nachfassaktionen
   3.2. Auswertung, Darstellung der Ergebnisse
   3.3. Ergebnisrückmeldung an die Beurteilten und die BeurteilerInnen
   3.4. Ergebnisanalysen (individuell, dyadisch mit BeraterIn, Gruppen-Workshops)
   3.5. Ergebnisveröffentlichung (Betriebsversammlung, Werkszeitung, Intranet)

4. Umsetzung
   4.1. Entscheidung über Maßnahmen
   4.2. Unterstützung, Realisierung
   4.3. Kontrolle

5. Follow up (nächste Runde) oder Ende

Es gibt verschiedene prozedurale Vorkehrungen zur Zusicherung und Gewährleistung von Anonymität:

- Am häufigsten ist der Abdruck von Standardformeln im Fragebogen oder Anschreiben: "Niemand außer der Projektgruppe bekommt ihren Fragebogen zu Gesicht"; "Nach Übertragung in die anonymisierten Datenlisten wird der Fragebogen sofort vernichtet"; "100-%ige Anonymität ist gewährleistet" etc.

Andere Techniken sind:

- Die ausgefüllten Fragebogen in aufgestellte Boxen legen (die assoziationsträchtig zuweilen in ,Wahllokalen' aufgestellt werden) oder

- im vorfrankierten und adressierten Umschlag an eine externe Institution (z.B. eine Personalberatungsfirma, ein Forschungsteam) oder eine vertrauenswürdige interne Abteilung oder Projektgruppe senden;

- das Ganze unter die Aufsicht des Betriebsrats oder des/der Datenschutzbeauftragten stellen;

- keine demographischen Daten abfragen oder Auswertungen nur vornehmen, wenn eine Mindestzahl von Antworten pro Führungskraft eingegangen ist, sodass Rückschlüsse auf einzelne FeedbackgeberInnen ausgeschlossen werden können;

- Moderierung von Workshops, an denen anfangs die Beurteilten nicht teilnehmen dürfen, sodass sich die Beurteilenden rückversichern und absprechen können und mit einer Stimme spreche.

Mit der Zusicherung der Anonymität handelt man sich oft – erwartungskonträr – eine *Senkung* der Rücklaufquote ein (die Nichtteilnahme kann nicht erkannt und geahndet werden) und damit auch Spekulationen über die Verlässlichkeit und Verzerrungsfreiheit der Beurteilungen (z.B.: Haben vor allem die Fans oder die Feinde geantwortet? Werden unidentifizierbar alte Rechnungen beglichen und Vorgesetzte gezielt schlecht gemacht?). Wiendieck (1997, 392) berichtet über eine Lotterie zur Steigerung der Rücklaufquote. Unter den Einsendern des Fragebogens zur Vorgesetztenbeurteilung wurden zwei Preise (zu DM 1000.- und 500.-) ausgelost: "ungewöhnlich hohe Werte von 75%" wurden erreicht.

In einer erfrischend affektiven Polemik nennt Sprenger (1995, 217) Vorgesetztenbeurteilungen durch Unterstellte "unlogisch, konsequenzlos und feige" (s. Beleg 3). Das Anonyme erinnert ihn an "Erpresserbriefe, nachts heimlich in den Briefschlitz geworfen", an "Rituale der Unverantwortlichkeit". Vorge-

Beleg 3:    Sprengers (1997) Aversion gegen die Mitarbeiterbefragung
            - eine Zitatenkollage -.

"Der Rückgriff auf das Instrument der Mitarbeiterbefragung ist ein Offenbarungseid der Führung" (435).

"Wer fragt, der führt ... den anderen an der Nase herum" (436) [In diesem Zusammenhang versteht Sprenger Sokrates gründlich, wenn er fortfährt: "Das Manipulative des Fragens ist von Sokrates perfekt vorgeführt worden. Nie hat er etwas wissen wollen, immer hat er schon gewusst und den Befragten zum Stichwortgeber degradiert" (436). Das Charakteristische an Sokrates' Hebammen-Technik ist ganz im Gegenteil, dass er mit seinem Fragen belegen wollte, dass der andere alles Wissen in sich hat und sich nur durch Gewohnheiten oder Autoritäten vom richtigen Denken abhalten lässt. Ein 'sokratischer Fragebogen' würde nichts 'abfragen', sondern durch die und das Fragen Anstöße zu Nachdenken, Bewusstheit, Selbständigkeit, Kritik geben. Ganz in diesem Sinn war übrigens einer der ersten Fragebogen der empirischen Sozialforschung, der von Karl Marx, konzipiert].

[Wenn ein Befragter nicht mit seiner wahren Meinung herausrückt:] "Darf ihm jemand ernstlich den Vorwurf machen, dass er sein Nein verschweigt und sich in die Phalanx der müden Claqueure einreiht? Dass er die Wacht am jein hält?" (437).

"Das Fragen verbirgt die eigene Verantwortung. Alle kennen das Überspielen durch Fragen als einen alten Gaunertrick. Damit kann man den anderen beschäftigen, irritieren, lenken" (438).

"Haben aber ausschließlich die Frager etwas davon? Der Mitarbeiter öffnet seinen DenkZettelKasten: worüber könnte man sich denn mal beschweren? Über die anderen! Über den Chef! ... In den Rückmeldungen ist deshalb immer ein pädagogisches Element enthalten! Weil man für die Konsequenzen der Rückmeldung nicht verantwortlich sein muss! ... Nein, die Mitarbeiterbefragung fungiert auch als Entlastungs-Ritual für die Antworter. ... Sie müssen nicht Flagge zeigen. Die Datenberge bergen. Denen da oben hat man mal so richtig die Meinung gesagt" (439).

"In der Einseitigkeit der Mitarbeiterbefragung liegt die Obszönität des Vorgangs. Das Asymmetrische macht aus der Mitarbeiterbefragung eine Besichtigung. So wie man die Tiere im Zoo, die schöne Aussicht und das Betriebsklima besichtigt" (440).

"Wenn Sie etwas verändern wollen, ist *Sagen* angesagt. Ein unbefragtes Sagen, das sich nicht unter der Frage antwortend duckt. Nur das Sagen hat die Kraft des Ändernwollens. Nur dem Sagen geht selbstgewählte Entschiedenheit voraus. Nur das Sagen ist Resultat explosiven Veränderungswillens jenseits ubiquitärer Fundamentalverdrossenheit. Nur wer sagt, will ändern" (440). [Das Sprengersche Mantra der Eigenverantwortung verschleiert den Blick auf den elitär-asozialen Voluntarismus vom Schlage 'Primat der Tat!': Ein richtiger Mann fragt nicht lange, er handelt!].

In einem Interview (Leendertse 1999, 191) setzt Sprenger – gefragt nach seiner Meinung zum 360°-Feedback – noch eins drauf:

"'Das Ganze ist albern, obszön und treibt Erwachsene in den Infantilismus ... Manager werden auf die Stufe eines Schulkindes gestellt, das sich ständig fragen muss, ob es den anderen gefällt.' ... Es sei die wichtigste Aufgabe einer Führungskraft, den Arbeitsprozess gezielt zu stören und nie mit dem Status quo zufrieden zu sein. Sprenger: 'Alle Welt schreit nach mutigen, kreativen Unternehmertypen. Mit 360°-Beurteilungen wird aber genau das Gegenteil erreicht: Man züchtet Manager, die sich aus Angst anpassen und danach schielen ins Schema zu passen.'"

setztenbeurteilungen seien in hierarchisch strukturierten Organisationen konsequenzlos und damit "lächerlich" und "närrisch", sie würden den "grassierenden Zynismus" unterstützen: "die Obrigkeit gewährt huldvoll den gespielten Staatsstreich" (a.a.O., 218). Nur in einer offenen Feedback-Kultur wäre seiner Meinung nach Vorgesetztenbeurteilung sinnvoll (aber dann in der üblichen Form auch gar nicht mehr nötig), in einer hierarchischen Beurteilungskultur sei sie unlogisch.

Eine pointierte Stellungnahme treibt – eben – auf die Spitze; sie kann nicht ausgewogen und flächendeckend sein. Sprenger geht davon aus, dass "jeder den anderen 'hervorbringt', den er bloß zu registrieren meint. ... Wir entdecken nicht den anderen 'wie er wirklich ist', sondern wie wir ihn erschaffen" (a.a.O., 222). Und: "Wir nehmen streng genommen keine Wirklichkeit wahr, sondern wir erschaffen sie nach den Kriterien unseres Gehirns, des persönlichen Interesses, entsprechend unseren Erfahrungen, Erwartungen und Bedürfnissen" (a.a.O., 219).

Aber: Hat sich der KZ-Häftling seinen Folterer selbst erschaffen? Es gibt, hinter dem berühmten Rücken der Subjekte, gesellschaftliche Tat-Sachen, die der einzelne nicht voluntaristisch per Fiat ändern kann und die auch existieren, wenn er sie in seiner Wahr-Nehmung nicht 'erschafft'. Jeder eigenverantwortlich Handelnde ist potentiell auch ein eigensüchtig Handelnder; die Welt besteht aus einzelnen, die füreinander andere sind, aber deshalb erschafft sich nicht jeder 'seine' eigene Privat-Wirklichkeit; er lernt vielmehr die Dinge so zu sehen, zu benennen und zu behandeln, wie es in seiner Kultur üblich ist. An die Schöpfer-Potenz des Individuums zu glauben, heißt die Bedeutung von Institutionen, Normen, Regeln, Traditionen etc. zu unterschätzen und die ,ärgerliche Tatsache der Gesellschaft' (Dahrendorf) zu leugnen. Sie ist es, die das Individuum erzeugt, und nicht umgekehrt, wie es uns der Identitätsfetischismus glauben machen möchte. Institutionelle Programmierungen und Stabilisierungen sind für das Überleben der einzelnen genauso wichtig wie es die von Sprenger hervorgehobene Muster-Erkennung und Selektivität der Wahrnehmung angesichts objektiver Informationsüberflutung sind. Ordnungen (wie Hierarchie) und Verfahren (wie 360°-Feedback) haben Entlastungs-, Orientierungs- und Koordinationsfunktionen, genauso wie sie andererseits Kontroll- und Repressionsfunktionen haben. Sie erzwingen Triebverzicht und ermöglichen und kanalisieren Bedürfnisbefriedigung, sie lenken die Wahrnehmung (machen und lassen sehen) und verbergen, sie konditionieren bestimmte Handlungen und verhindern andere. Institutionen abzuschaffen, bedeutete nicht den Anbruch des Reichs der Freiheit (der Selbstregulation der autonomen Individuen), sondern den chaotischen Kampf aller gegen alle –

das Hobbessche Problem. Die Frage ist deshalb, wie Institutionen (und Verfahren etc.) in ihrer Gesamtheit (Modewort: systemisch!) konstruiert sein müssen, damit sie sich gegenseitig in Schach halten *und* Freiraum lassen für die erwähnte eigenverantwortliche und eigensüchtige Initiative der einzelnen. Eine politische Perspektive tut das. Sie fragt nach den Lücken, Ambiguitäten und Freiräumen in und zwischen Institutionen und den konkurrierenden und komplementären Interessen der beteiligten *stakeholders.* Das heißt konkret, dass immer *mehrere* Personen(gruppen) und *mehrere* Systeme/Verfahren/Programme betrachtet werden müssen und dass die komplexen und komplizierten Verhältnisse zwischen ihnen analysiert und genutzt werden; sie widersprechen sich und zugleich brauchen sie einander und profitieren voneinander.

Das Zusammenspiel zwischen höherer Managementebene –360°-Feedback –KVP –Zielvereinbarungsprogramm – Anreizsystemen (Einkommen, Karriere, Statussymbole ...) – Beschäftigungssystem – Arbeitszeitsystem – Unternehmenskultur – Technologie – Organisationsform – Qualitätssicherung – Betriebsrat – Personalreferentin – Controller etc. soll am Beispiel der folgenden Vignette illustriert werden:

Ein wegen langer Betriebszugehörigkeit unkündbarer Experte mit produktionswichtigen Spezialkenntnissen soll in einer 360°-Feedback-Aktion eine junge Vorgesetzte beurteilen, die zur Erreichung ihrer Ziele seine Kooperation braucht, seine wiederholten Anträge auf Höherstufung und Anschaffung moderner Prüfsysteme befürwortend oder ablehnend weitergeben kann und auf seine Bereitschaft zu unbezahlten Überstunden in Spitzenbelastungen angewiesen ist. Der Experte ist Meinungsführer im Team und hat einen guten Draht zum Betriebsrat, der generell gegen unbezahlte Mehrarbeit ist und tendenziell keiner Konfrontation aus dem Weg geht, aber momentan keinen Ärger will, weil er in einer anderen Angelegenheit einen Erfolg braucht, um wiedergewählt zu werden. Die Vorgesetzte steht aktuell unter Druck, weil sie die Zielvorgaben der letzten Periode nicht erreicht hat; sie kann es sich deshalb nicht erlauben, beim Bereichsleiter auch noch durch unvorteilhafte Bewertungen durch ihre Mannschaft aufzufallen.

Die wechselseitigen Abhängigkeiten und formalen Kompetenzen und Zwänge geben allen Beteiligten einerseits Trümpfe in die Hand, andererseits erlegen sie ihnen Restriktionen auf, die wiederum für andere Beteiligte Chancen der Interessendurchsetzung eröffnen. Eine 'offene Rückmeldung' im Feedbackverfahren und im Ergebnis-Workshop kann unter Gleichgestellten im Team Reputation bringen, aber die Führungskraft verunsichern und provozieren; wenn 'von oben' ihr Erfolg mit anderen Kriterien gemessen wird, besteht die Wahrscheinlichkeit, dass sie Kritik an ihrem Führungsstil 'unter der Decke' zu halten sucht und ihre Energien eher in Aktionen investieren wird, die höheren Orts Aufmerksamkeit und Anerkennung finden.

Auf dem Hintergrund solcher Überlegungen kann man davon ausgehen, dass eine 360°-Beurteilung nicht unbedingt – wie Sprenger unterstellt – *namenlos* bleibt, dass sie in einem hierarchischen System durchaus *logisch* ist (weil sie z.B. den Kontrolldruck erhöht) und dass sie sehr wohl *Konsequenzen* hat, wenngleich vielleicht auch ganz andere als die Verfahrensinitiatoren erhoffen oder behaupten.

## 3.2 Die Rolle der externen VerfahrensspezialistInnen

Auch die Rolle der Externen im 360°-Feedback-System kann aus politischer Perspektive gewürdigt werden. Sie sind keineswegs nur die unschuldigen VerfahrensspezialistInnen, die mit ihrer Erfahrung und ihrer technischen Expertise imponieren und die Ein- und Durchführung der Rundum-Beurteilung gekonnt betreuen. Sie vermarkten ein – häufig selbst entwickeltes – Markenprodukt, für das sie werben und von dem sie profitieren, sie wollen im Geschäft bleiben und Anschlussaufträge, zumindest Weiterempfehlungen und gute Referenzen erhalten. Sie haben demgemäß wenig Interesse an einer ungeschminkten Darstellung der Probleme und Schwachstellen des Instruments, sondern verbreiten vielmehr Optimismus und Erfolgszuversicht. *Ihr* Feedbackgeber ist derjenige, der ihnen den Auftrag gegeben hat: vor *ihm* müssen sie gut dastehen; ihn beeindrucken sie durch Erfolgsmeldungen über vorwiegend positive Resonanz, verheißungsvolle Aktionspläne, auf den Weg gebrachte Veränderungsprozesse, gestiegene Nachfrage nach Trainings und Coaching etc. und sie berichten auch folienreich auf Management-Kongressen und in Management-Zeitschriften imagefördernd über ihre Erfolge. Ein systematisches und unabhängiges Controlling findet jedoch nicht statt. Das ist keineswegs eine Besonderheit der Befürworter eines 360°-Feedbacks; die meisten Veränderungsinitiativen [z.B. die Einführung neuer Technologien, Organisations- oder Management-Modelle (Computerisierung, Lean Management, Business Process Reengineering, TQM-Zertifizierung ...)] überzeugen weit mehr durch ihre Versprechungen als durch ihre empirische Kosten-Nutzen-Bilanz. Angesichts der oben angemerkten Vernetzung der vielen Verfahren und Systeme ist ohnehin die exakte Zurechnung von Ergebnissen kaum möglich; im komplexen und intransparenten Geflecht der Wirkungen und Gegenwirkungen darf man sich nicht auf die isolierte Betrachtung einer Größe einschränken, sondern muss die eigentlich unlösbare Aufgabe angehen, in einem schlecht strukturierten und noch dazu *offenen* System Interaktionseffekte und Fernwirkungen zu bestimmen. Was wunder, wenn sich unter Praxisbetriebsbedingungen Heuristiken bewähren, die scheinbar weniger anspruchsvolle Anliegen erfüllen: Gut ankommen! Nicht unangenehm auffallen! Bewegung hineinbringen! Der Laden muss laufen! usw.

## 3.3 Die Rolle der ModeratorInnen

Zuweilen sind die ModeratorInnen identisch mit den externen Verfahrensexpertinnen, z.T. aber werden sie als ProzessspezialistInnen hinzugezogen. Ich werde mich im Folgenden auf die *externen* ModeratorInnen konzentrieren, obwohl in abgeschwächter Form viele der Überlegungen auch auf interne Fachleute zutreffen, die sich eine Reputation als Vermittler außerhalb der Linie erworben haben. ModeratorInnen werden aus zwei Gründen eingeschaltet. Zum einen wegen ihrer fachlichen Expertise: sie wissen, wie man Zweier- und Gruppen-Gespräche führt, sodass trotz heikler Themen keine bleibenden Verletzungen entstehen, die Beteiligten ihr Gesicht wahren, den Prozess als konstruktiv erleben, erfolgversprechende Maßnahmen beschließen und implementieren ... Zum anderen aber – und das ist mindestens ebenso wichtig – gelten sie als neutral ('uninteressiert'), d.h. nicht an betrieblichen Machtspielen beteiligt, sodass sie als faire Makler auftreten können. Bei Lichte betrachtet ist das jedoch kaum möglich. Externe sind oder werden Koalitionäre interner Akteure und/oder werden selbst zu Machtspielern, die eigene Interessen verfolgen, denn es gibt in Organisationen keinen politikfreien Raum. Damit ist nicht gemeint, dass Externe aus selbstsüchtigen Motiven machtgeil, opportunistisch oder machiavellistisch sind; sie brauchen aber Macht (Wissen, Ressourcen, Verbindungen), um ihre Anliegen zu realisieren, auch (oder gerade?) dann, wenn sie hehre humanistische und altruistische Ziele verfolgen. Normalerweise haben sie eine Ideologie, Mission oder Werthaltung, die ihr Handeln anleitet [z.B. Win-win-Strategie, Authentizität, Ganzheitlichkeit (Einbezug von Körper, Emotionen, Spiritualität etc.), Fairness]. Ihr Programm wird oft genug nur gegen Widerstand zu realisieren sein (weil Betroffene nicht gern Gewohnheiten aufgeben und Angst vor Veränderungen oder dem Verlust von Privilegien haben). Wenn ModeratorInnen ihren Auftrag erfüllen und ihre persönlichen Werthaltungen realisieren möchten, müssen sie Einfluss ausüben. Dass sie gute und wertvolle Ziele haben und dass die Methoden den Zielen entsprechen, ändert nichts daran, dass es um Beeinflussung geht. Alle Missionare der Welt wollen nur das Beste für die Heiden.

Wenn ModeratorInnen die Feedback-Ergebnisse (im Zweier-Gespräch mit der beurteilten Person oder in Workshops mit Beurteilten und BeurteilerInnen) analysieren, wenn sie Interpretationen oder Klärungen anbieten oder anregen, wenn sie latente oder virulente Affekte, Bedürfnisse und Interessen thematisieren oder kanalisieren, wenn sie auf *konkrete* Verbesserungsmaßnahmen dringen und zugleich vor zu vielen Initiativen und überzogenen Erwartungen warnen, Nachfass-Aktionen vereinbaren – immer intervenieren sie und greifen verändernd in etablierte Traditionen, Routinen, Beziehungsmuster usw. ein. Jedes *besser werden* ist ein *anders werden* und mit der Veränderung von Kraftfeldern und Beziehungsmustern verbunden – und das geht normalerweise nicht von selbst. Vermutlich unterscheiden sich gute ModeratorInnen von schlechten nicht so sehr in der technischen Verfahrensbeherrschung, sondern in der Fähigkeit, Angst vor und Reaktanz gegen Veränderungen zu minimieren.

Die vorherrschende Selbstdefinition der ModeratorInnen geht davon aus, dass sie bloß Vermittler und Mediatoren sind; sie intervenieren nur formal, nicht aber inhaltlich und befähigen bzw. motivieren die Betroffenen dazu, sich selbst zu organisieren und selbst zu bestimmen, was sie wollen. Es sollen nur die vorhandenen Kräfte oder Wachstumstendenzen in der Person oder Gruppe freigesetzt werden: Ent-Fesselung, Empowerment! Gut – aber genau das *ist* Politik und Parteinahme, denn es geht um Mitsprache bei der Zielbestimmung, Wege zum Ziel, Handlungsspielräume, Realisierung eigener Interessen und nicht zuletzt um die Verteilung der Wertschöpfung.

Der implizite Auftrag an die ModeratorInnen lautet: Alles und jeder muss im Rahmen bleiben! Wer diesen Rahmen sprengt und z.B. über ökologische Gesamtbilanzen, Gesundheitsschäden, Beziehungsstörungen, Werteerosion, Ausbeutung der dritten Welt redet, läuft Gefahr stigmatisiert zu werden und z.B. als weltfremder Spinner, Gutmensch, Systemveränderer, Radikaler, Utopist etc. zu gelten. ModeratorInnen mäßigen, das ist ihr Job. Und 360°-Feedbacks sollen schließlich nicht alle Perspektiven, sondern nur die der Insider thematisieren, denen neben (oder vor?) allen persönlichen Motiven das gemeinsame Interesse attribuiert wird, ein Geschäft zu machen, Einkommen zu erzielen. Das Feedback soll dementsprechend weniger einen Prozess der Selbstfindung oder Identitätsdefinition einleiten, sondern ganz pragmatisch und instrumentell Stärken und Schwächen offenlegen, sodass damit bzw. daran gearbeitet werden kann. Für erwerbswirtschaftliche Unternehmen ist *das* der unsprengbare Rahmen, in dem kreativ und konstruktiv argumentiert werden soll – aber es ist ein Rahmen, der ein Innen (dazu gehörig) von einem Außen (nicht dazu gehörig) trennt. Diese System-Umwelt-Grenze muss aktiv gezogen und verteidigt werden, denn sie ist fortwährend bedroht. ModeratorInnen sind (wie Linienvorgesetzte, ControllerInnen, KulturmanagerInnen, Total Quality ManagerInnen etc.) Grenzwächter, die verantwortlich dafür sind, dass alles in den Grenzen des Sinnvollen, Vernünftigen, Produktiven, Wertschöpfenden, Gewinnbringenden, Transaktionskostenminimierenden bleibt. Weil es im Feedback nicht nur um den Austausch von Wahrnehmungen geht, sondern um eine Verbesserung der Produktivität (oder ähnliche Ziele), muss es *Wirkung* zeigen. Es(!) muss sich(!) etwas(!) ändern – und das heißt konkret: *jede* beteiligte Person muss handeln und verhandeln, weil sie für sich und/oder für ihr Projekt, ihre Leute, die Firma etwas herausholen will. Gelingt es, das Problem als technisches oder sachliches zu rahmen, ist das Politische exkommuniziert und externalisiert (aber natürlich nicht verschwunden). Eine *Sache* ist – weil es scheinbar um etwas Objektives geht – leicht zu bewältigen. Anders ist es, wenn *Interessen* verfolgt werden. Dann sind *Ordnungs*rufe nötig, die verdeutlichen, worum es 'eigentlich' geht. Die Hierarchie (als heilige Ordnung) ist eine der dazu geschaffenen Institutionen; technologische oder finanzielle Restriktionen, verinnerlichte Werte oder eben auch ModeratorInnen sind funktionale Äquivalente. Sie sorgen dafür, dass die Diskussion nicht ausufert, sondern bei der Sache und im Rahmen bleibt, dass streng geschieden wird zwischen dem, was man selbst zu tun hat und tun kann und dem, was man nur gemeinsam in Angriff nehmen kann und dem, wofür andere zuständig, kompetent oder bevollmächtigt sind. Erst wenn das klar ist, kann man gegebenenfalls in grenzüberschreitende Verhandlungen eintreten.

### 3.4    Person- oder Beziehungsbeurteilung?

Zuweilen unterstellen Verfechter des 360°-Feedbacks naiv (oder suggestiv?), dass in einer Beurteilung eine andere Person – ihre Leistungen, Fähigkeiten, Handlungen – bewertet wird. Genau genommen ist dem nicht so. Beurteilt werden Beziehungen. Es wird von Beziehungen (im Plural) geredet, weil mehrere Relationen in Betracht kommen:

- Die Beziehung zwischen beurteilter Person und ihrer *Situation.* Hier geht es um das insbesondere in der Attributionstheorie thematisierte Problem, welcher Anteil am Zustandekommen eines Verhaltens oder Ergebnisses der Person, oder (un-)günstigen Umständen zuzurechnen sind.

- Ein Sonderfall dieser allgemeinen Beziehung soll extra hervorgehoben werden: Es wird immer auch eine Beziehung zwischen *Personen* reflektiert. Mit wem hatte es die beurteilte Person zu tun (Qualifikation, Motivation, Status etc. ihrer InteraktionspartnerInnen) und wie ist die persönliche Beziehung zwischen beurteilender und beurteilter Person (z.B. Sympathie, Desinteresse, Hass)?

- In welche *zeitliche* Abfolge sind die beurteilungsrelevanten Episoden einzuordnen? Handelt es sich um eine einmalige "Verkettung unglücklicher Umstände" oder ein oft wiederholtes Muster?

- In welcher *sachlichen Funktion* war die beurteilte Person tätig? Das wird in Formeln wie "In meiner Rolle als ...", "In meiner Eigenschaft als ..." sichtbar, in denen sich eine Person differenziert zwischen sich 'selbst' und fremden Zwängen; zum einen, um sich mit dem Gewicht des Amtes zu potenzieren, zum anderen, um die Kausalattribution der Beobachtenden auf die Struktur und weg von sich zu lenken.

Das auf die interpersonale Dimension eingeschränkte intuitive Basismodell der *Aufwärts-Beurteilung* ist in Abb. $4_1$ visualisiert: Ein unterstellter Mitarbeiter beurteilt eine Vorgesetzte (rein an und für sich, herausgetrennt aus allen Bezügen). Abb. $4_2$ dagegen platziert den beurteilenden Unterstellten in ein Netz von *Beziehungen* (die durch Doppelpfeile markiert sind und z.B. Wertschätzung, Abhängigkeit, offene Rechnungen, Vertrauen etc. symbolisieren können). Daneben finden sich in dieser Abbildung noch zwei gestrichelte Pfeile, die die eigentliche *Beurteilung* markieren sollen. $M_1$ unterstellt (und das fließt in seine/ihre Beurteilung ein) eine bestimmte Beziehung zwischen 'Vorgesetzte und Betriebsrat' und 'Vorgesetzte und höhere Führungskraft'. Für die beurteilende Person wird das, was V ist oder tut, sehr stark beeinflusst von ihren Beziehungen zu B, H und $M_{2-3}$. Leistungen oder Handlungen von V werden so relativiert durch das Wissen um die Einflüsse dritter Größen (und zu den in der Abb. $4_2$ erfassten Beziehungen kommen noch Vermutungen oder Erkenntnisse über sachliche, zeitliche und funktionale Relationen hinzu).

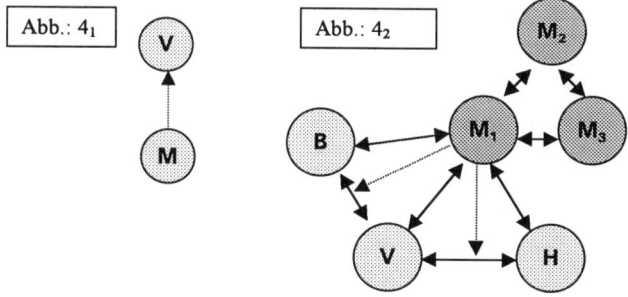

Legende: V = beurteilte(r) Vorgesetzte(r); H = höhere(r) Vorgesetzte(r); M = beurteilende(r) Mitarbeiter(in); B = Betriebsratsmitglied; ◄─► Beziehung; ─────► Beurteilung.

Abb. $4_1$ und $4_2$ : Die Rolle der *Beziehung* für die *Beurteilung*

Was eine beurteilte Führungskraft ist, ist sie nur kraft ihrer Einbettung in dieses Netz personeller, zeitlicher, funktionaler und situativer Relationen. Geht man aber von der Idee einer 'Personalinventur' aus, werden alle diese Relationierungen und Relativierungen gekappt und der Führungskraft Eigenheiten attestiert, die nicht ihrer Persönlichkeit, sondern ihrer Verortung im Netz der

Beziehungen und Prozesse geschuldet sind. Ein optimiertes 360°-Verfahren müsste deshalb im Fragebogen nicht nur nach den 'stabilisierten' Verhaltensweisen der Zielperson in Bezug auf Information, Delegation, Anerkennung etc. fragen, sondern jeweils typische oder wichtige Relationen konditionierend miterfassen (Verlangt das ein höherer Vorgesetzter? Handelt es sich um eine Standardsituation oder eine völlig neue Lage? Wer kontrolliert die zentralen Ressourcen? Orientiert sich die Führungskraft an verbindlichen Präzedenzfällen? Wie stark ist ihr 'Einfluss nach oben'? etc.). In der Praxis geschehen all diese Relationierungen in der Interpretations- und Maßnahmenplanungssituation. Ein Grund dafür, sie nicht auch schon in der Erhebungssituation abzufragen, liegt darin, dass dann das Konzept der individuellen Verantwortlichkeit, das aller personalen Beurteilung zu Grunde liegt, verwässert würde: Alles kennen, heißt alles verzeihen (weil Kausalketten ins Unendliche zurückgeführt werden) – und den fundamentalen Managementmythos der 'control' als 'illusion of control' zu entlarven.

### 3.5 Zur Mikropolitik des Vergleichens

Ein immer wieder herausgestellter Vorteil von 360°-Beurteilungen ist, dass sie Vergleiche erlauben. Dies ist möglich, weil verschiedene Feedbackgeber im Raster gleicher Fragen bewerten, sodass man problemlos Übereinstimmungen und Differenzen errechnen, tabellieren und plastisch, häufig mit Profillinien oder Balken- und Säulendiagrammen, visualisieren kann. Man erfährt somit 'auf einen Blick' nicht nur, wie hoch die Werte sind, die eine Person pro Frage (oder aggregierter Dimension) erreicht, man sieht auch, wie sehr sich verschiedene Beurteiler(-gruppen) in der Einstufung der Zielperson unterscheiden und wie stark deren Bewertung sich vom Bereichs- oder Firmen-*durchschnitt* oder einem vorgegebenen *Soll* unterscheidet. Werden – z.B. im Jahresabstand – Messwiederholungen durchgeführt, dann kann man zusätzlich erkennen, ob sich in Folge der ergriffenen Maßnahmen tatsächlich etwas zum Besseren gewandelt hat (s. z.B. die Angaben in Smither et al 1995, 33 f.).

Es geht also um vier Gruppen von Vergleichen:

1. interpersonaler oder Intergruppen-Vergleich der Ist-Werte
   Vergleich der Ist-Werte von Person A mit Ist-Werten von Person B (oder mit Ist-Durchschnitten, die für die Gesamtheit der beurteilten Führungskräfte gefunden wurden);

2. personaler und/oder interpersonaler Ist-Soll-Vergleich
   Vergleich der Ist-Werte von Person A mit Erwartungs- oder Soll-Werten für diese Person oder für ein Kollektiv;

3. Interrater-Reliabilität
   Übereinstimmungen verschiedener Beurteilender in Bezug auf das gleiche
   Beurteilungsobjekt (innerhalb derselben Gruppe von Beurteilenden oder
   zwischen verschiedenen Gruppen); eine besondere Rolle spielt dabei der
   Vergleich von Selbst- mit Fremdeinschätzungen;

4. intertemporaler Vergleich
   Zeitreihen für die Vergleiche 1 – 3.

Wie bei allen Kennzahlen-Vergleichen muss vorab gesichert sein, dass ein
Indikator unter vergleichbaren Bedingungen unverzerrt erhoben wird und jeweils das Gleiche abbildet. Das ist – wie oben ausführlich erörtert wurde – bei
der Einstufung von Personen nicht ohne weiteres anzunehmen, weil Einfluss-
größen verunreinigend und verzerrend einwirken, die von der Person selbst
nicht zu verantworten sind (neben situativen Unterschieden vor allem Erfahrungen, Erwartungen und Eigenheiten der *Beurteilenden*).

Für die o.a. Vergleiche 1, 2 und 3 sei kurz ein Beispiel referiert. Ludwig (1994) berichtet Ergebnisse der Esso-Vorgesetztenbeurteilung (s. Tab. 4). Sieht man sich die Spalte
'*Schwächen*' an, so erkennt man, dass die Esso-Vorgesetzten relativ (!?) gut abschnitten
– ihre Werte liegen durchweg deutlich *über* dem Durchschnittswert 3 der Einstufungss-
kala (die sich von 1 – 5 spannte). Entscheidend ist also nicht der numerische Durchschnitt, sondern der empirische. Wer z.B. beim Item 19 die Bewertung 3,2 erhielt und
nun glaubt, überdurchschnittlich zu sein (weil er über dem numerischen Mittel – 3,0 –
liegt), muss erfahren, dass er weit unterdurchschnittlich ist (empirische Verteilungs-
norm: 3,9). Des weiteren geht aus der Tabelle hervor, dass sich der Abstand zwischen
den *Schwächen* und *Stärken* im Bereich eines halben Punktes bewegt. Um eine gute Es-
so-Vorgesetzte zu sein, muss man *diese* Mittelwerte übertreffen. Ludwig berichtet auch
über Zeitreihenvergleiche und stellt fest, dass im 15-Jahres-Vergleich (1978 – 1993)
"sich kaum eine Abweichung" ergibt. "Fünf Verschlechterungen um 0,1 Punkte stehen
sechs Verbesserungen um 0,1 Punkte gegenüber" (Ludwig 1994, 656).

Wie wird z.B. sichergestellt, dass auch das fast nie personengleiche Kollektiv
der BeurteilerInnen an alle unmittelbaren KonkurrentInnen die gleichen Maßstäbe anlegt und streng, fair, offen, ehrlich urteilt? Und dass alle Beurteilenden vergleichbar sind in Bezug auf Informiertheit, Erfahrung, Interessen?
Dies ist erneut ein Indiz für die schon erörterte These, dass *nicht Personen,
sondern Beziehungen* beurteilt werden.

Vergleiche implizieren ein *Benchmarking*: Wird die Vorgabe, die ein anderer
explizit kraft Autorität oder durch Vorbild oder Erfolg gesetzt hat, erreicht oder
übertroffen? Zunächst erscheint das als ein bloßer Messvorgang. Entscheidend ist aber die anschließende Bewertung der Zielverfehlung oder -über-
schreitung. Und wie bei allen Benchmarking-Aktionen geht es nicht darum,
ein Vorbild geistlos zu kopieren, sondern eine 'Ableitungstheorie' zu ent-

| Schwächen des Esso-Führungsstils | | | Stärken des Esso-Führungsstils | | |
|---|---|---|---|---|---|
| Item | Aussage | Wert | Item | Aussage | Wert |
| 04 | Die Mitarbeiter müssen auch Arbeiten erledigen, die aus ihrer Sicht überflüssig erscheinen | 3,8 | 12 | Er verantwortet die Handlungen seiner Mitarbeiter gegenüber Dritten | 4,3 |
| 07 | Er 'erdrückt' im Team nicht die anderen Mitarbeiter | 3,8 | 16 | Er ermöglicht seinen Mitarbeitern die selbständige Beschaffung aller Informationen, die für die Erledigung der zugewiesenen Aufgaben erforderlich sind | 4,6 |
| 14 | Die Mitarbeiter fühlen sich einem ständigen unangemessenen Leistungsdruck ausgesetzt | 3,8 | 18 | Er hält sich an die festgelegten Verantwortungen und Vollmachten | 4,5 |
| 19 | Die Mitarbeiter erhalten genügend Rückinformationen, um die Ergebnisse ihrer Arbeit beurteilen zu können | 3,9 | 24 | Wenn Mitarbeiter ein fachliches Problem haben, können sie sich an ihn wenden | 4,4 |
| 21 | Er versteht es, seine Mitarbeiter nicht durch Hektik, sondern durch zielgerichtete Aktivität anzuregen | 3,9 | 29 | Er verkauft die Vorschläge anderer nicht als seine eigenen | 4,6 |
| 23 | Er fördert seine Mitarbeiter und kümmert sich um ihre Entwicklung | 3,8 | 31 | Persönlichen Ärger oder Ärger mit der Geschäftsleitung lässt er nicht an seinen Mitarbeitern aus | 4,3 |
| 28 | Er zeigt Anerkennung, wenn ein Mitarbeiter gute Arbeit leistet | 3,7 | | | |

Tab. 4:     Schwächen und Stärken des Esso-Führungsstils

Erläuterung: Der Fragebogen umfasste insg. 32 Items (Er ist im Anhang als Beleg A-2.4 abgedruckt).. Beurteilt wurden 600 Vorgesetzte von ca. 5000 Mitarbeitern; für weit über die Hälfte der Beteiligten liegen Computerauswertungen vor. Abgedruckt sind die Items, bei denen die Vorgesetzten besonders schlecht ('Schwächen') und besonders gut ('Stärken') abgeschnitten haben. Jedes Item wurde auf einer 5-stufigen Skala eingeschätzt, die an den jeweiligen Frageinhalt angepasst war (zusammengestellt aus Ludwig 1994, 655 u. 656).

wickeln, die einem zeigt, warum die 'best practice' so überlegen ist (s. dazu auch den Denkrahmen des Improving Performance-Ansatzes: Bartscher & Wittkuhn 1999). Eine solche Theorie erlaubt es dann auch abzuschätzen, ob die notwendigen Bedingungen im eigenen Bereich vorliegen oder geschaffen werden können. *Dass* woanders beeindruckende Ergebnisse erreicht werden, ist wenig informativ, solange nicht herausgefunden wird, *wie* es die anderen geschafft haben, z.B. welche und wieviel Ressourcen sie eingesetzt haben, welchen Weg sie gegangen sind, in welchen (un-)günstigen Kontexten sie operiert haben, welche kurz- oder langfristigen Nebeneffekte sie in Kauf genommen oder zu gewärtigen haben usw.

Benchmarking hat allerdings nicht nur diese analytische Seite, sondern auch eine politische Funktion: die eigenen Leute sollen unter Druck gesetzt werden, weil der empirische Beleg beigebracht wird, dass *woanders* funktioniert, was *bei uns* als unerreichbar gilt. Damit wird die Beweislast umgekehrt: Die 'Versager' haben nun nachzuweisen, warum es bei ihnen nicht geht – und das ist nicht leicht, wenn man den lebenden Beweis des Gegenteils vor Augen geführt bekommt!

Als Benchmarking kann es auch gewertet werden, wenn der 360°-Feedback-Prozess von oben nach unten eingeführt wird und Geschäftsführer oder Vorstände mit gutem Beispiel vorangehen und sich als erste der Rundum-Beurteilung stellen. Dies wird als ein Zeichen der Ernsthaftigkeit des Projekts gesehen; das Commitment der obersten Führungsebene macht es nachrangigen Vorgesetzten schwer, die Sache auf die leichte Schulter zu nehmen oder auszusitzen. Dem selben Zweck dienen auch unternehmensweit kolportierte Strafaktionen, die ,von ganz oben' gegen Führungskräfte durchgeführt werden, die mit der Umsetzung bei sich oder in ihrem Bereich halbherzig oder verzögernd vorgegangen sind.

*Miss es oder vergiss es!*

Vergleiche sind das Salz in der Suppe der Beurteilungen. Informationen über eine andere Person sind wertlos, wenn sie nicht verankert und in Beziehung gesetzt werden. Wenn die Belastbarkeit einer Führungskraft als 'gut' eingeschätzt wird, sagt das noch nicht viel. Wesentlich mehr weiß man, wenn man erfährt, dass z.B. 80% oder nur 20% aller Führungskräfte als 'gut' eingestuft wurden!

Um vergleichen zu können, muss man standardisieren, homogenisieren und – meist – quantifizieren. Darin liegt der Grund für die Attraktivität von Formeln wie "Miss es oder vergiss es", "Nur Zahlen zählen", "Was Du nicht messen kannst, kannst Du nicht managen!"

Ein Extrem der Standardisierung vertreten Zander & Knebel (1993, 15) in ihrer Definition von Leistungsbeurteilung: Sie soll erfolgen

"... zum gleichen Zeitpunkt, nach gleichen Spielregeln, zum gleichen Zweck, mit gleichen Kriterien, mit gleicher Skalierung, nach möglichst gleichen Maßstäben, mit gleichem Wissens- und Übungsstand der Beurteiler" (im Original Spiegelstrich-Aufzählung).

Das Versprechen exakter und objektiver Messung weckt die Hoffnung auf ihre Möglichkeit und erklärt das boomende Angebot an 'Tools', das den Unternehmungen von Beratungsfirmen angeboten wird. Eine einzige Firma, die "Wildenmann Tools & Services" hat in einem Prospekt Ende 1997 folgende "Entwicklungsinstrumente für Führungskräfte, Berater und Trainer" angeboten:

- Myers-Briggs-Typenindikator,
- Foundations Game,
- PASport (ein Instrument zur Mitarbeiterauswahl, Teamentwicklung und Verkäuferschulung),
- Leadership (ein Programm zur Entwicklung von Leadership-Verhaltensweisen),
- Leadership Audit ('das differenzierte 360°-Feedback-Instrument'),
- Benchmarks ('360°-Beurteilungs- und Entwicklungssystem für Führungskräfte'),
- OAS (Organizational Alignment Survey),
- Karriereanker,
- Kompass ('Das Orientierungsinstrument für den Führungsnachwuchs'),
- Leadership Architect Suite (mit den Teilen Organization Architect, Career Architect, Learning Architect),
- Beraterinventar.

Diese Inventare werden nicht nur als Hardware verkauft, es wird zudem verbindlich ein Training vorgeschaltet, das extra zu bezahlen ist, damit man mit den Instrumenten auch richtig umgehen kann.

Mit Programmen dieser Art, von denen praktisch jede Personalberatung das eine oder andere im Angebot hat, wird den Rat suchenden Unternehmungen die Möglichkeit geboten, Mess-Werte zu generieren, für die häufig auch Norm- oder Vergleichswerte mitgeliefert werden; zuweilen wird auch zugesichert, dass die Instrumente den lokalen Erfordernissen angepasst ('maßgeschneidert') werden könnten. Der politisch entscheidende Effekt ist, dass man sich unangreifbar macht, weil man 'perfekte', 'empirisch bewährte' (vor allem: in den USA bewährte!), 'von Autoritäten entwickelte/empfohlene', 'in der Praxis weit verbreitete' Verfahren einsetzt. Auf eine übersichtliche, hoch strukturierte Weise können dann quantifizierte Daten erhoben werden, die allerdings unter den Problemen leiden, die vom kennzahlenorientierten Controlling bekannt sind (s. z.B. Wimmer & Neuberger 1998). Um mich nicht zu wiederholen, resümiere ich nur die wichtigsten Argumente: hohe Selektivität, willkürliche Operationalisierung, ungesicherte Ableitungstheorie (ein Kennzahlen-*System*?), Entkontextualisierung, uneindeutiger Maßnahmenbezug.

### 3.6 Zuerst die nüchterne Bestandsaufnahme, dann entschlossenes Handeln?

Bungard, Jöns & Schultz-Gambard (1997, 441) dekretieren apodiktisch:

"Der Sinn der Befragung ist es, etwas zu erfahren, nicht zu vermitteln. Wenn man etwas vermitteln will, z.B. Unternehmensziele, sollte man eine Informationsmaßnahme oder Schulung durchführen, aber keine Befragung. ... Wenn man die verschiedenen Sünden miteinander vergleichen würde, dann ist der Versuch der heimlichen Indoktrination im Vergleich zu einer falschen Sparsamkeit sicherlich als eine Todsünde einzustufen. ... Fragen sollten Fragen bleiben und nicht heimlich Botschaften vermitteln wollen."

Wenn es so einfach wäre! Jede Frage lenkt die Aufmerksamkeit auf bestimmte (und nicht andere) Themen, bekundet Interesse an der Antwort und verspricht die Auseinandersetzung mit ihr, gibt – ganz krass bei ‚geschlossenen' Fragen – Antwortmöglichkeiten vor, drückt Wertschätzung des Befragten aus oder hofiert ihn (sonst würde man sich nicht die Mühe machen), stellt eine soziale Beziehung her (wer fragen *darf* und antworten *muss*) ... Es bringt jedoch wenig, die Sachlage auf eine Entweder-Oder-Alternative zuzuspitzen; ergiebiger ist es, das Sowohl-Als-Auch (Bestandsaufnahme *und* Intervention) zu nutzen, weil das den Spielraum bei der Interpretation (und deren Validität) steigert.

Die strikte Trennung zwischen Diagnose und Aktion ist weltfremd, sie unterstellt bei den Beteiligten eine fast schon psychotische Fähigkeit zu Spaltung, die sie in die Lage versetzt, das eine (Beurteilung) zu tun, ohne das andere (Konsequenzen) zu bedenken.

Rationale Akteure denken (und handeln) vom Ende her: Was will ich erreichen/vermeiden? Welche positive/negativen Folgen habe ich zu erwarten? Wie kann ich meinen Handlungsspielraum/meine Interessen wahren? Wie wird die Alltags-Zusammenarbeit aussehen, wenn die Feedback-Aktion vorbei ist? Wenn Vergleiche stattfinden sollen: Werden alle mit denselben Maßstäben gemessen und werden die besonderen Umstände berücksichtigt? Welche Konsequenzen habe ich zu erwarten, welche will ich abwenden? Kann ich den Versprechen von Neutralität und Vertraulichkeit glauben, die ModeratorInnen und PersonalerInnen abgeben? Wie klar und formalisiert (ausrechenbar) sind die Konsequenzen? Geht es um etwas ganz anderes als gesagt wird (z.B. stichhaltige Belege sammeln für 'harte' Entscheidungen, wie etwa Gehaltseinstufung, Versetzung, Kündigung, Aufnahme in Förderkreise)? Werden Dritte aufgrund der Ergebnisse handeln oder bleibt alle Initiative bei der beurteilten Führungskraft? Werden die Gesamtergebnisse der Aktion für strukturelle Änderungen genutzt, auf die die einzelnen Beurteilten keinen Einfluss haben?

### 3.7    Heftig sündigen! *Nützliche* Fehler machen!

Die eben zitierten Bungard et al. resümieren wichtige Erkenntnisse ihres Herausgeberbandes zur Mitarbeiterbefragung, indem sie im letzten Kapitel ein Fazit ziehen und die folgenden 16 "Sünden" auflisten und diskutieren (siehe Beleg 4).

---

Beleg 4:    Was man alles falsch machen kann
(aus: Bungard, Jöns & Schultz-Gambard, 1997, 441 ff.).

Im Folgenden zitiere ich bei jedem Punkt zunächst im Wortlaut die ironische Empfehlung von Bungard et al., die dem Motto folgt: "Wenn Sie unbedingt Misserfolg haben wollen ...". Dann gebe ich nach "Stattdessen" jeweils wieder, was sie zur Vermeidung dieser häufigen Fehler raten.

1.  Mitarbeiterbefragungen (MAB) nur einmal und in Schönwetterperioden.
    Stattdessen: MAB als Strategie in einem kontinuierlichen Verbesserungsprozess, nicht zu selten, nicht zu oft, je nach Stadium des Veränderungsprozesses.
2.  Invasion von verschiedenen Mitarbeiterbefragungsaktionen
    (gemeint wohl: Inflation ...)
    Stattdessen: Aufeinander abgestimmte, miteinander vernetzte Befragungen.
3.  Unklare Ziele: Mitarbeiterbefragung für Alles und Nichts
    Stattdessen: Ziele und Funktionen vorab klären und widerspruchsfrei definieren.
4.  Projektmanagement: Mitarbeiterbefragungen ohne Kompetenz
    Stattdessen: Professionelles Projektmanagement, Einbindung von Machtpromotoren.
5.  Das Mittlere Management unter Druck setzen
    Stattdessen: Dafür sorgen, "dass in der Feedback-Phase die Vorgesetzten nicht wie Gladiatoren in eine Arena geschubst werden, um sie dem Fraß der Mitarbeiterbefunde auszusetzen, sondern mit ihnen ein Training im Sinne eines begleitenden Personalentwicklungsprozesses durchführen" (a.a.O., 445).
6.  Ausklammerung des Betriebsrats
    Stattdessen: Von Anfang an Integration "als Gesprächspartner" in die Projektgruppe.

---

7. Standardfragebogen ohne direkten Bezug zur Lebensrealität
   Stattdessen: Eine gesunde Mischung aus allgemein, vergleichbaren Fragen und ganz konkreten maßgeschneiderten Fragen anstreben.
8. Konstruktion des Fragebogens – Sparen am falschen Platz
   - ein zu kurzer Fragebogen (stattdessen: ausreichend differenziert fragen)
   - ein schlampig konstruierter Fragebogen (stattdessen: handwerklich einwandfreie Konstruktion).
   - ungeeignete Überprüfung des Fragebogens (stattdessen: Probeläufe, Vortests).
9. Versuch der heimlichen Indoktrination durch die Befragung
   Stattdessen: "Fragen sollten Fragen bleiben und nicht heimlich Botschaften vermitteln wollen" (a.a.O., 449).
10. Mitarbeiterbefragung als Überraschungsangriff
    Stattdessen: rechtzeitig und ausführlich ankündigen und begründen, Ziele aufzeigen, Akzeptanz schaffen ...
11. Ergebnisse als Geheim- und Chefsache behandeln
    Stattdessen: Rückmeldung unbedingt an alle Befragten.
12. Ergebnisinterpretation: Ist das Glas halb voll oder halb leer?
    Stattdessen: Professionelle Auswertung, keine selektive Rückmeldung, verständliche Darstellung.
13. Benchmarks über alles
    Stattdessen: Keine Überbewertung des Benchmarking, umfassende Analyse der 'best practice', selektive Aneignung.
14. Mitarbeiterbefragung gegen Befragte verwenden
    - Suche von Tätern und Nestbeschmutzern (stattdessen: Anonymität strikt wahren).
    - Druck ausüben und Wettbewerb schüren (stattdessen: fair bleiben, sehr behutsam vorgehen).
15. Belohnung ausgesetzt: 50 000.- DM für 10% Zufriedenheit
    Stattdessen: Mit Incentives für Verbesserungen sehr vorsichtig sein, um nicht Kuhhandel und Datenmanipulation auszulösen.
16. Mitarbeiterbefragung ohne Controlling
    Stattdessen: Die Feedback-Phase und die Ableitung von Maßnahmen einem Controlling unterwerfen.

Wenn die 'Sünden' in der Praxis begangen werden, dann kann man – im methodischen Vertrauen auf das 'survival of the fittest', das die Praxis kennzeichnet – fragen, ob es nicht gute Gründe für das Sündigen gibt. Einer politischen Argumentation würde eine solche Perversion keine Probleme machen: sie ginge davon aus, dass die Akteure (oder Akteursgruppen) in Organisationen kein Gesamtwohl, sondern jeweils ihre eigenen Interessen verfolgen. Aus dieser Perspektive wären dann zu fragen, *wer* davon profitiert, wenn vom Pfad der Tugend abgewichen wird. Die potentiellen Nutznießer sind bei verschiedenen Aktionen jeweils andere, aber davon muss man grundsätzlich ausgehen, wenn man nicht an die Formel vom Gesamt- und Gemeinwohl glaubt.

Ein Instrument wie die Mitarbeiterbefragung (und für das 360°-Feedback gilt das analog) ist wie ein Schweizer Armeemesser: verschiedene Leute können es für verschiedene Problemsituationen einsetzen. Es ist für einige stakeholders durchaus erstrebenswert, wenn es *kein* Controlling gibt, wenn die Qualität der Fragebogen *nicht* getestet ist, wenn die Aktion *nur einmal* stattfindet, wenn die Ziele *un*klar gehalten werden, wenn das Mittelmanagement unter *starken* Druck gesetzt wird usw. Es hängt u.a. von den aktivierbaren Ressourcen und Beziehungen, den gegenseitigen Abhängigkeiten, den realistischen Alternativen, der Valenz, Sichtbarkeit und Fristigkeit der Vorgehensweisen und Ergebnisse, der Transparenz der Situation ab – um nur einige Parameter zu nennen –, welche Variante für wen vorteilhaft ist. Dass man auf lange Sicht gemeinsam besser führe, wenn man offen und kooperativ handelte, mag ja sein, aber: "in the long run we all are dead." Es kommt auf kluges Management für die Zeit dazwischen an und wer hat schon den Überblick zu wissen, erstens *was* zweitens *für alle* drittens *langfristig* viertens *am besten* ist?

Geht es z.B. um die Durchsetzung organisatorischer Veränderungen, kann es durchaus zielführend sein, die Position der 'Lähmschicht' (Mittelmanagement) zu *schwächen* und das mit den Vorzügen von Enthierarchisierung, Empowerment, Selbstorganisation, Teamwork zu begründen. Um Veränderungsbereitschaft zu stimulieren, kann es nützlich sein, den Status Quo in schwarzen Farben zu malen, oder herausfordernde *benchmarks* zu setzen oder durch Vergleiche einen hohen Konkurrenz- und Änderungsdruck zu erzeugen. Was dazu gedacht war, die Vorgesetzten von verschiedenen Seiten unter Druck zu setzen, kann zu neuen Koalitionsbildungen führen: wenn die Guten belohnt werden, kann das gut Scheinen zum angestrebten Ziel werden: es kommt zu *impression management* nach oben, zum Buhlen um positive Bewertung durch die MitarbeiterInnen, zum Aufbau von Kartellen gegenseitigen Lobs unter KollegInnen, trotz des Lippenbekenntnisses zum Querdenkertum zur Verfolgung von schlecht benoteten (oder benotenden) AbweichlerInnen usw. Die Institution 360°-Feedback ist auch eine implizite Aufforderung zum *networking*, sodass – durchaus im Sinne moderner Managementideologien – die bislang dominante Orientierungsrichtung 'vertikal' ergänzt oder irritiert wird durch 'horizontal' oder 'quer', was dann entgegen der ursprünglichen Absicht das Ziel erhöhter Kontrolle in weite Ferne rückt. Und nicht zuletzt muss man nach der 'Herrin des Verfahrens' fragen: Wenn die Personalabteilung derartige Initiativen anstößt, betreut, professionell steuert, auswertet und überwacht, dann führt sie einen Nützlichkeitsnachweis und bringt sich in eine strategische Position, in der zahlreiche Informations- und Aktionsstränge zusammenlaufen, die sich für andere Vorhaben (auch, noch) nutzen lassen.

# 4. Survey ⇨ Feedback ⇨ Action!

Das 360°-Feedback generiert eine Fülle von Messwerten, aber seine Vertrete-rInnen verkünden nahezu unisono, dass es 'natürlich' und 'letztlich' nicht um die Abbildung der Wirklichkeit gehe, sondern um ihre Änderung. Die erhobenen Daten müssten gemeinsam(!) analysiert und interpretiert werden und vor allem müssten konkrete sichtbare Konsequenzen gezogen werden, deren Realisierung dann wiederum in einer nächsten Runde evaluiert werden müsse.

Daran zeigt sich zweierlei:

Zum einen wird zugestanden, dass das imposante Zahlenwerk interpretationsbedürftig ist. Es muss herausgefunden werden, was die Zahlen 'wirklich' bedeuten und vor allem muss das Commitment der Beteiligten vertieft (oder erst geschaffen) werden: Wenn sich BeurteilerInnen und Beurteilte zusammensetzen, um sich auseinander zu setzen, erkennen sie die Faktizität der Daten an ("Es ist was dran ...") und erzeugen eine womöglich konsensuelle Lesart ("Es liegt daran, dass ..."). Es geht also nicht nur um die Kommunikation verschrifteter Urteile, sondern um ihre Wahr-Nehmung.

Zum zweiten wird einmal mehr der in Organisationen typische Primat der Tat eingeklagt. Nicht Deutung, Gespräch und Reflexion sind das Ziel, sondern *action*. Die Rundum-Beurteilung wäre ein Torso, wenn sie beim *Survey-Feedback* stehen bliebe. Weil aber in mehrdeutigen, vielfältigen und komplexen, instabilen und machtdurchtränkten Situationen nicht damit zu rechnen ist, dass die Ergebnisse der Befragung eindeutige Antworten geben, setzt nun ein Problemlösungsprozess ein. Der kann sehr unterschiedlich gestaltet werden:

- Die Führungskraft selbst bestimmt – nachdem sie mit sich und/oder anderen zu Rate gegangen ist – welche Konsequenzen sie zieht;

- höhere Vorgesetzte ziehen Schlußfolgerungen und leiten Maßnahmen ein;

- die Rollen-Klärung wird zu einer kooperativen Rollen*verhandlung* weitergeführt, in der Beurteilende und Beurteilte *gemeinsam* und *unmittelbar* (face-to-face) erörtern, was sie machen sollen und werden. Dabei wird nicht von der überlegenen Einsicht einer Seite oder des ominösen Gruppenprozesses ausgegangen, sondern es wird eine Verhandlungssituation geschaffen, die in eine Vereinbarung mündet, in der den Interessen aller Beteiligten Rechnung getragen wird. Eine solche Modellierung der Situation zeigt, dass die strukturierte Datenerhebung nur ein – in der Folge vielleicht verzichtbares – Vorspiel gewesen ist.

Der Verhandlungsprozess selbst erschöpft sich nicht in einer sachlichen Problemlösung; er ist (auch oder vor allem?) ein Pokerspiel, in dem geblufft und gefeilscht wird, in dem man Einsätze leisten muss und Gewinn machen kann und vor allem gilt, dass das Spiel nicht nach einer Runde zu Ende ist, sondern dass es viele Durchgänge gibt, in denen man Informationen darüber sammeln kann, wie die jeweils andere Seite verfährt: ob sie sich an Abmachungen hält, fair bleibt, für sie vorteilhafte Situationen bedenkenlos ausnützt. Von großer praktischer Bedeutung ist, dass man mit strategischem und taktischem Verhalten der Beteiligten rechnen muss, bei dem es nicht unbedingt um das geheimnisvolle "Wohl der Firma" geht, sondern um handfeste egoistische Vorteile. Und man darf keineswegs übersehen, dass hier nicht Freie und Gleiche miteinander verhandeln, sondern Akteure, die zwar alle einer dominanten Logik unterliegen (Verwertung der eingesetzten Produktionsfaktoren), daneben aber noch lokale und partikuläre Interessen haben, die sie mittels der asymmetrisch verteilten strukturellen und personalen Ressourcen, über die sie verfügen, durchzusetzen versuchen.

Die Akteure sind als politisch Handelnde bestrebt, das 360°-Feedback nicht zum 'ergebnisoffenen' Prozess werden zu lassen, sondern auf mannigfache Weise zu strukturieren und zu beeinflussen, sodass ihre Interessen eine höhere Durchsetzungswahrscheinlichkeit haben. Sie versuchen auch positive und negative Sanktionen einzusetzen, wenn das Spiel nicht so läuft, wie es soll.

Auffällig ist die große Diskrepanz zwischen Diagnose und Konsequenzen: Während ein beeindruckender Aufwand getrieben wird, um die Rundum-Diagnose des Verhaltens zu ermöglichen und abzusichern (Entwicklung oder Einkauf ausgefeilter Verfahren, Schulung, Durchführung und Überwachung, systematische Auswertung und Präsentation), wird deutlich weniger getan, um in ähnlicher Weise den Umsetzungsprozess zu optimieren. Zwar existieren Empfehlungen zur Maßnahmenplanung, zum Follow up und zur Berichtspflicht an Vorgesetzte, aber all das bleibt bemerkenswert diffus, vor allem aber gibt es keine ähnlich ausgefeilte Instrumentierung wie das für den Diagnose-Part der Fall ist.

- Bei den meisten 360°-Systemen muss nicht im einzelnen geplant und gerechtfertigt werden, *wie* Schlüsse aus den Feedbacks zu ziehen sind und vor allem nicht, welche *konkreten Verbesserungsmaßnahmen* ergriffen werden sollen (s. dazu aber Bühner 1998 im Anhang A 3, S. 95 ff.).

- Ebenso wie das Beurteilen nicht 'freihändig' erfolgt, sondern mit elaborierten Formularen, Systemen und Prozessen reguliert ist, könnte in analoger Weise auch das korrektive Handeln systematisiert und formalisiert werden. Es wäre kein großer Aufwand, differenzierte Prüflisten oder Programme vorzugeben, die Umsetzungsalternativen detaillieren und einen Wahlzwang auferlegen. Wie bei der Beurteilung ließen sich Intensitäten und Reichweiten quantifizieren, Termine fixieren, Erfüllungsgrade ermitteln, Effizienz- und Effektivitätsvergleiche durchführen und orientierende benchmarks vorgeben.

- Damit ist ebenfalls angedeutet, dass das Controlling der nötigen Folgemaßnahmen ebenso ernst genommen werden muss wie das des Beurteilungsprozesses. Es muss auch hier Machtpromotoren geben, die sich um den weiteren Fortgang der Dinge erkennbar kümmern und die abgestufte Sanktionen ergreifen, wenn es zu Verzögerungen, Verweigerungen, Ausflüchten und Fehlallokationen von Ressourcen kommt. Konsequent wäre es, wenn für alle Beurteilten Klarheit geschaffen würde über die Folgen, die das Erreichen oder Verfehlen der Veränderungswünsche hat, z.B. im Hinblick auf Bezahlung, Personalentwicklung, Karriere, Versetzungen, Ausstattung, Personalverantwortung, und nicht zuletzt: *organisatorische* Änderungen.

- Ein Beleg für das Commitment des Top-Managements ist auch das Ausmaß der Ressourcen, die für Veränderungen bereitgestellt oder aktiviert werden.

Um eine juristische Analogie zu bemühen: Die meisten Unternehmen sind stark in der Urteilsfindung, aber schwach im Vollzug.

Eine mögliche Begründung kann in der politischen Einbettung des 360°-Systems gesehen werden. Die differenzierte All-Seiten-Diagnose erhöht den Kontroll- und Rechtfertigungsdruck, lässt aber weitgehend offen, was passieren wird, engt also auch das höhere Management nicht ein in den Maßnahmen, die es ergreifen will. Das hat die politisch erwünschte Konsequenz, dass die Ungewissheitszonen erweitert werden: Eingriffe können, müssen aber nicht erfolgen; die Abhängigen müssen stets mit allem rechnen: mit Strafe, Gnade oder Belohnung.

Die Datenerfassung im 360°-System asymmetrisiert: über die Beurteilten liegt – quasi in Form datenbankfähiger Dossiers – umfangreiches Material vor, das jederzeit zur Begründung von Maßnahmen genutzt werden kann. Die andere Seite (das Management) lässt sich nicht in vergleichbarer Weise in die Karten schauen und vor allem wäre sie aus machttaktischen Gründen schlecht beraten, wenn sie sich selbst die Hände binden würde und in akribischer Form genau festschriebe, was bei welchem Stand der Dinge zu tun ist. Hier eröffnet sich nämlich politisch nutzbarer Spielraum für Verhandlungen, Pressionen, Drohungen, Entgegenkommen, Privilegierung etc. Gerade das Ausbleiben fälliger Sanktionen verpflichtet den Verschonten – wie ein Kredit – zur Rückzahlung der Gunst (erhöht seine Dankesschuld) und spornt den gerade noch Davongekommenen zu erhöhtem Einsatz und Eifer an.

Ein entscheidendes Problem liegt darin, dass beim normalen 360°-Feedback die Beurteilung zeit- und nicht prozessbezogen erfolgt: Zu einem bestimmten Zeitpunkt werden verschiedene Feedbackgeber gebeten, über Verhalten und Leistungen der Zielperson in einer vergangenen Periode Aussagen zu machen. Damit wird normalerweise bilanziert, d.h. es wird zusammengerechnet, was eigentlich auseinander gehört. Informativer wäre es nämlich, wenn die spezifischen Leistungsbeiträge der Person zu wertschöpfenden *Prozessen* identifiziert würden, anstatt eine summative Bilanz zu ziehen, die die produktiven, unproduktiven oder gar schädlichen Leistungsbeiträge aggregiert und damit verwischt. Sinnvollerweise sollten Aufgaben- oder Prozessketten oder -netze rekonstruiert werden. Es ließe sich dann identifizieren, an welcher Stelle welches Handeln besonders (un-)wirksam war.

Damit wird eine alte Forderung der Personalbeurteilung wieder aufgegriffen: nicht Urteile über *Personen* (Kompetenzen, Eigenschaften, Potenziale etc.) abzugeben, sondern *Leistungen* (Aufgabenerfüllung) zu bewerten.

Die Interventionsseite des 360°-Feedback-Verfahrens steht vor der Wahl, sich zwischen zwei Sichtweisen des Problems entscheiden zu müssen. Auf der einen Seite steht eine szientistische oder technische Sicht der Dinge, die einem deduktiv-nomothetischen Modell folgt: Zur Erklärung eines Phänomens sind zwei Schritte zu tun: Identifiziere die Randbedingungen und wende dann allgemeine Gesetze (oder Regeln) an. Bezogen auf die 360°-Feedback-Situation hieße das, dass man eine allgemeine Theorie des Zustandekommens organisationalen Erfolgs benötigte. Sie würde dann die Hebel nennen, an denen anzusetzen wäre, wenn man gewollte Wirkungen erzielen möchte. Eine solche Theorie ist nicht in Sicht; stattdessen dominieren lokale Erfahrungen, 'bewährte' Ratschläge, empirische Generalisierungen.

Die andere Sichtweise lässt sich ableiten aus einer Reflexion über die Vokabel 'performance', die in Managerkreisen magische Anziehungskraft hat. Dieses Wort schillert: einerseits bezeichnet es Leistung, andererseits Aufführung. Es geht zum einen also um (Leistungs-)Ergebnisse: unterm technischen Leistungsaspekt sind sie unstrittig, quantifiziert, messbar etc. 'Performance' meint aber zum anderen auch eine (bühnenreife?) Darstellung: Ergebnisse sind das Gegebene (das von den Akteuren in einer Aufführung Gegebene, das erfolgreich, beeindruckend, überzeugend gegebene Stück). Diese Perspektive nimmt den 'Ergebnissen' ihren objektiven und ultimativen Charakter und erklärt sie zu Wahrnehmungen in einem (Rollen-)Spiel, dessen Skript vorschreibt, was tun ist. Man gibt eine Aufführung, die ankommen soll; das Resultat ist sekundär. Für das 360°-Feedback hat diese Sichtweise den Reiz, die Führungskraft als Akteur auf einer Bühne zu sehen; sie hat von verschiedenen

Seiten Kritik zu erwarten hat: vom Regisseur, den MitspielerInnen, dem Publikum, professionellen KritikerInnen, Geldgebern usw. Es gibt keine einzig richtige Weise, das Stück 'Führung' zu spielen; aber was immer geschieht, es steht unter umfassender Beobachtung, jedes Wort, jede Geste, jede Episode wird zensiert und mit so diffusen Kriterien bewertet wie Geschmack, künstlerischer Wert, Texttreue, Glaubwürdigkeit (oder gar Realismus), Ausdrucksvermögen, Gestaltungskraft, Resonanz, Beifall ('Vorhänge') ... Nicht was eine Führungskraft an Ergebnissen produziert, sondern wie das oder sie den Bewertenden gefällt, ist entscheidend. Natürlich gibt es im Führungsgeschäft handfeste Ergebnisse – aber eben mehrere, mehrdeutige, widersprüchliche, erst in Zukunft klar erkennbare, vielfach verursachte ... Was Ergebnisse (Gegebenheiten im obigen Sinn!) *zählen*, darüber entscheidet das Urteil der stakeholders – und die sind sich keineswegs (immer) einig.

Im Unterschied zur szientistischen Kausaltheorie (bei der Erfolg eine Frage objektiver, wenngleich sehr komplexer Gesetzmäßigkeiten ist), ist beim ästhetisch-politischen bzw. theatralisch-interaktiven Modell Erfolg eine ausgemachte Sache. Die Beteiligten vereinbaren, was der Fall ist und gelten soll (siehe die ominöse 'vorherrschende Meinung der Fachwelt' als Bezugssystem). Dabei muss betont werden, dass damit *nicht* gemeint ist, eine 'Show' abzuziehen oder lediglich schönen Schein zu produzieren (das kommt vor, trifft aber nicht den Kern). Das Argument setzt tiefer an: die sog. Gesetzmäßigkeiten sind selber Produkt und Produzent von Übereinkunft, Macht, Konvention etc. Das lässt sich demonstrieren an Bühners Formel zur Ermittlung der Führungsprioritätszahl (s. dazu den Anhang 3). Welche Messgrößen ausgewählt werden (und welche ausgeblendet bleiben), wie sie operationalisiert werden und wie sie kombiniert werden: das liegt nicht "in der Natur der Sache", sondern ist eine Entscheidung, die auf allgemeinen Beifall hofft oder zählen kann. Wenn genügend viele oder die Mächtigen sich auf eine bestimmte Sichtweise festgelegt haben, wird sie zum Standard. Die bestehende 'gegebene' Ordnung ist ausgehandelt (negotiated order).

## 5.  Schluss: Das 360°-Feedback als (post)moderne Herrschaftstechnik: Sehen – Sagen – Wissen – Macht

Im 360°-Feedback wird ein ziemlich märchenhaftes Szenario entfaltet: Die Phantasien des röntgenhaften Durch-Blicks (der Dia-Gnose, die das Innerste und Verborgene erkennt) und der Tarnkappe (die dem Träger erlaubt, ungesehen selbst das Geheimste und Intimste zu sehen – heutzutage würde man das wohl 'Lauschangriff' nennen), werden erweitert durch die Unterstellung kindlicher Offenheit (sagen, was man denkt) und franziskanischer Einfühlung (verstehen, was gesagt wird). Und all dieses Wissen wird ungekränkt und unermüdlich zur *Selbst*veränderung genutzt: es gilt, immer strebend sich zu bemühen, besser, vollendet zu werden (Null-Fehler, Total Quality)!

Unerwähnt bleibt bei diesem idyllischen Entwurf, dass das 360°-Feedback eine Herrschaftstechnik ist, die vor allem dem Verwertungsinteresse dient.

Die folgende Abbildung 5 soll diese Perspektive aufzeigen. Das 360°-Feedback wird als eine umfassende Beobachtung begriffen. Im Mittelpunkt steht die beurteilte Führungskraft, deren Verhalten wahrgenommen und kommentiert wird durch die Beurteilenden (siehe Pfeile ⟶ ). Eine besondere Rolle spielt dabei die herausgehobene oberste Beobachtungsinstanz (das Top-Management), das im Regelfall nicht selbst beobachtet und rückmeldet, sondern sich der Delegation und Vermittlung bedient (z.B. – wie in der Abbildung – auf die Institution oder Funktion 'Personalwesen' zurückgreift; es könnte hier aber auch 'Controlling' eingesetzt werden). Auf die mitgeteilten Bewertungen reagiert die Führungskraft ( ↻ ): sie eignet sich diese Rückmeldung an, verarbeitet sie, konfrontiert sie mit seiner Selbst-Bewertung. Wichtig für den *organisationalen* Kontext ist, dass das Beobachten & Rückmelden und das Verarbeiten selbst wiederum beobachtet werden (vom Prinzipal bzw. dessen Agenten). Die Abbildung macht deutlich, dass ein solches Design sehr schnell zu einer Überlastung der Informationsverarbeitungskapazität des Managements bzw. seiner Delegierten führen müsste. Es werden deshalb abkürzende und komprimierende Verfahren genutzt (z.B. Verdichtung zu Kennzahlen, Selektion nur weniger Informationen etc.). Der im vorliegenden Zusammenhang gewählte Weg ist ein anderer: Die Verarbeitung der Beobachtungen/-Rückmeldungen wird dezentriert und der Fokalperson delegiert. Die Logik dieser Technik soll im Folgenden skizziert werden, wobei die Foucaultsche Figur des panoptischen Arrangements, das oben schon dargestellt wurde, weiter ausgebaut werden soll.

Die Führungskraft steht unter multiperspektivischer Aufsicht *und* soll zugleich per umfassendem Feedback alles über sich wissen. Dabei ist aufschlussreich, dass das Wort *Wissen* von *videre* abgeleitet ist: wer sieht, weiß (mehr) und wer weiß, sieht (mehr). Eine Voraussetzung für organisationales Wissen ist das Wahrnehmen (Beobachten, Sehen) dessen, was in der Organisation geschieht. Das aktuelle Schlagwort vom Wissensmanagement thematisiert das Problem, dass Wissen zu einer immer wichtigeren Ressource im Wettbewerb wird; jene Unternehmen haben Wettbewerbsvorteile, denen es gelingt, ihr enormes Potential an latentem Wissen zu aktivieren. Diesem Zweck dient 'Organizational Intelligence' (die nicht mehr nach dem Vorbild der *Central*

Intelligence Agency CIA modelliert ist, aber einen analogen Zweck verfolgt: Feindaufklärung als Selbstaufklärung). Das vorhandene 'aufgeklärte' Wissen wird nicht an eine Entscheidungszentrale (Top Management) gemeldet, denn diese wäre damit heillos überfordert (siehe das Paradox der sich selbst entwertenden Erkenntnisfülle, das im Zusammenhang mit dem Informationsmüll, den die Stasi angehäuft hatte, offenkundig wurde). Das System ist raffinierter.

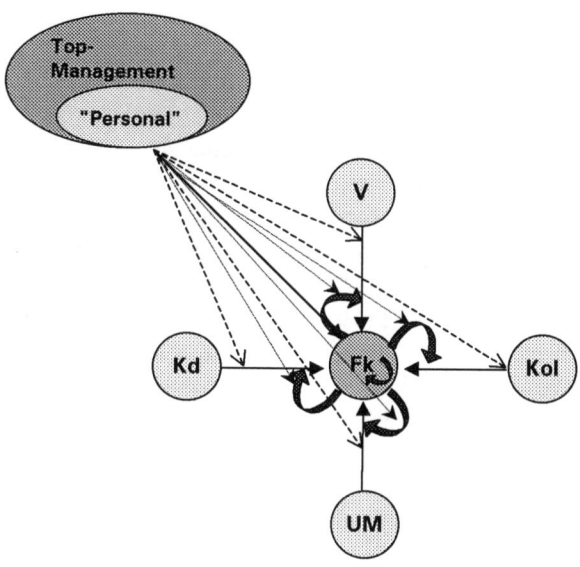

Abb. 5:    Das Beobachten des Beobachtens

Legende:    Fk = Führungskraft; V = Vorgesetzte(r); UM = unterstellte(r) MitarbeiterIn, Kol = Kollege, Kd = int. oder ext. Kunde, "Personal" = Personalabteilung oder -funktion.
  ⟶ direkte Beobachtung, - - - -▶ TopMgmt-Beobachtung des Beobachtens,
  ⋯⋯⋯▶ TopMgmt-Beobachtung der Beobachtung des Beobachtens
  ↻  Fk-Beobachtung des Beobachtens bzw. (im Kreis Fk) *Selbst*beobachtung.

71

Foucault argumentiert, dass die 'alte' (feudale) Macht darin bestand, dass sich der Herrscher allen in seiner Machtfülle zeigte und sich als Zentralfigur in Szene gesetzt, auf die alles zu- und hinauslief (signifikant: die Etablierung der Zentralperspektive in der Kunst). Dieses ‚auf den Herrn sehen' wurde in der Aufklärung(!) abgelöst durch 'vom Herrn gesehen werden': die Zentralperspektive auf den Herrn wurde ersetzt durch die Installation des Blicks des Herrn in der Person selbst (durch Institutionen wie Beichte, Prüfung, Geständnis, Beobachtungssysteme). Macht und Wissen gingen eine neue Symbiose ein; Wissen wurde nicht mehr an den Herrn weitergegeben, sondern dezentral *im Sinne* des Herrn verarbeitet (Gewissen).

Der konsequente nächste Schritt ist das Ausweiten und reflexiv Werden dieser Operation. Der einzelne internalisiert nicht mehr nur den Blick des Herrn, sondern den Blick aller[4]: er fühlt sich fortwährend unter Beobachtung durch alle und wird zum Diener aller, wo er vorher nur Diener seines Herrn war ('Kundenorientierung'). Die moderne Legitimationsfigur ist, über die Organisation hinausgehend den *Markt* zum Universalherrn zu machen, dem nichts entgeht und der Erfolge vorurteilslos belohnt und Fehlverhalten unnachsichtig bestraft. In der Sprache des Managements gesagt: Während vorher der Shareholder-Value (das Interesse des Prinzipals) alleinige Richtschnur war, wird nun der Stakeholder-Value an seine Stelle gesetzt: die Fordernden werden zu 'Kunden' umfunktioniert (oder umbenannt), deren Wünsche oberstes Gebot sind, denn in den Tauschgeschäften mit ihnen werden jene Ressourcen aktiviert, die fürs Überleben und Blühen benötigt werden.

Von allen immer und überall bloß *gesehen* zu werden, reicht jedoch nicht mehr aus, weil man nicht sicher weiß, was sie (nicht) sehen und vor allem: wie sie das Gesehene bewerten. Das Sehen wird deshalb um das Sagen erweitert. Die Sehenden geben Feedback, möglichst umfassend, konkret und schnell. Entscheidend aber ist, dass die durch Rundum-Rückmeldungen aufgeklärte(!) informierte Person die Feedbacks ihrer PrüferInnen nicht nur be-

---

4   Würde man ein mythologisches Vorbild für das 360°-Feedback suchen, käme Argus (oder Argos) in Frage. Dieser Riese war zur Bewachung der Zeus-Geliebten Io eingesetzt, die von der eifersüchtigen Hera in eine Kuh verwandelt worden war. Argus hatte 100 Augen am Körper (der 'Allsehende' wurde er auch genannt), von denen jeweils nur ein Paar ruhte. Bezeichnerweise wurde Argus in Zeus' Auftrag von Hermes, dem Götterboten und Gott der Kaufleute getötet, wobei dieser – auch das ist bemerkenswert – einen Helm trug, der ihn unsichtbar machte. Hera hat dann die Argus-Augen in den Schweif des Pfaus gesetzt.
[Assoziationen: Die hundert Argusaugen gehören heutzutage den ringsum angeordneten BeobachterInnen (der 'allsehenden' Organisation). Wenn es dem obersten Herrn nicht in seine Pläne passt, schaltet er, selbst unsichtbar bleibend, diese Wächter aus und lässt sich (dabei und auch sonst) lieber von altvertrauten Informanten helfen. Inzwischen werden die Allsehenden nicht mehr getötet, sondern stattdessen gleich zu Pfauen gemacht, diesen uralten Symbolen der Selbstbespiegelung (oder Selbstdarstellung und Selbstaufmerksamkeit?)].

herzigt (verinnerlicht), sondern sich danach richtet – in aller Doppeldeutigkeit des Wortes: sich ausrichtet (orientiert) an den fremden Wünschen und sich dem selbst gefällten Richterspruch unterwirft. Für den Prinzipal ist nicht mehr wichtig, was inhaltlich im einzelnen rückgemeldet wird, sondern *dass* rückgemeldet wird und dass die Handelnden die Feedbacks ernst nehmen.

Dabei wird bewusst eine Mehrfachbindungs-Situation geschaffen: man kann es unmöglich allen recht machen. Nichtsdestotrotz soll man das (im Stakeholder-Ansatz), ohne dass man sich aber die 'unmögliche' Situation beschweren darf: man muss sie balancierend meistern, und sei es durch Verleugnung und Heuchelei (s. Brunsson 1985, Ortmann 1995). Weil die Person nicht alle(r) Erwartungen erfüllen kann, verfehlt sie fortwährend ihren Auftrag, bleibt kritisierbar und muss auf Sanktionen gefasst sein, die berechtigt, obwohl ungerecht sind.

Die Bewegung der Macht geht also vom *sichtbar sein* (des Herrn), zum *gesehen werden* des subiectums (das damit auch als Subjekt konstituiert wird), zum reflexiven *Zwang, sich selbst zu sehen* (im Spiegel der Rückmeldungen anderer). Ganz anders als es die drei oft karikierten Affen zeigen (nichts sehen, nichts hören, nichts sagen), ist nun die unabweisbare Forderung, alle zu fragen, alles zu sehen (zu wissen) und sich alles anzuhören (sagen zu lassen). Die postmoderne Maxime lautet nun: "Du sollst alles sehen (wissen)!" – ergänzt durch die unausgesprochene Fortsetzung: "... und allen Erwartungen entsprechen." Mit letzterem ist kein charakterloser Opportunismus gemeint, sondern die Anstrengung, selbst Gegensätze zu versöhnen.

Dem universalisierten Voyeurismus, der ganz ungeniert zur Pflicht proklamiert wird, entspricht als Gegenbewegung der ebenso universalisierte Exhibitionismus. Weil man stets und von allen gesehen wird, muss man sich günstig präsentieren; die Folgen: *impression management*, Ästhetisierung, Identitätsarbeit (s. Neuberger 1994).

Dabei taucht das Dilemma auf, dass Allwissenheit handlungsunfähig macht. Herbert Simon (1957) hat in seiner Kritik des Informationsaxioms des homo oeconomicus (er kennt alle Alternativen und ihre Konsequenzen, alle Zustände der Natur, und das verzögerungsfrei und ohne Transaktionskosten) dargelegt, dass *Ignoranz* die Voraussetzung für Handeln ist; salopper haben es Peters & Waterman (1982) ausgedrückt, als sie von 'Paralyse durch Analyse' geredet haben. Wer 'alles' weiß, bedenkt und berücksichtigt, kann nicht mehr handeln, weil er gelähmt würde durch die unendliche Zahl der Optionen und Folgen, die in Frage kämen. Man muss *nicht* wissen (wollen), um handeln zu können: es müssen vielmehr Bereiche des Behandelbaren ausgeschnitten (definiert) werden; der Rest ist Schweigen. Genauso wie Ignoranz ist auch die

*Verletzung* von Erwartungen eine der Vorbedingungen der Handlungsfähigkeit: Man kann und darf es nicht allen recht machen; Ziel ist, um es in modischer Terminologie zu sagen, eine *balanced* scorecard.

Eben dieser Aspekt lädt zu einem zweiten Blick auf das 360°-Feedback ein. Weil sich die Führungskraft im Raster heterogener – und zuweilen sogar antagonistischer – Erwartungen positionieren muss, kann sie diese Erwartungen gegeneinander ausspielen und damit ihren eigenen Handlungsraum erweitern. Sie ist also nicht notwendig in einer unerfreulichen Sandwich-Position[5], sondern in der günstigen Lage, die Ambiguität, die für Dritte besteht, zu nutzen – z.B. für Koalitionen und Rechtfertigungen. Wenn auch die anderen nicht alles wissen und man Erwartungen *nicht* erfüllen will oder kann, hat man die Chance, sich mit guten Gründen hinauszureden und diejenigen, die man enttäuscht, mit denen in Schach zu halten, auf deren Seite man sich schlägt.

---

5 Eigenartig, dass es dieser Begriff zu einer solchen Verbreitung brachte. Was in der Mitte des Sandwich liegt, ist meist das beste, angesichts der ziemlich trockenen Sachen oben und unten. Vielleicht soll auf das baldige verspeist werden angespielt werden? Wenn man schon auf Druck hinaus will, wären das Korn, das zwischen Mühlsteinen zerrieben wird, das Feilstück zwischen den Backen einer Schraubzwinge oder das heiße Eisen(!) zwischen Hammer und Amboss dramatischer!

# 6. Anhang

### Anhang 1: Günstiges Feedback.
### Eine Zusammenstellung von Empfehlungen

Diese aus der humanistischen nichtdirektiven Tradition der Gruppendynamik entwickelten Empfehlungen können als Kontrastprogramm zu jenem Rückmeldestil gelesen werden, der normalerweise im formalisierten 360°-Feedback praktiziert wird: Fast keine der folgenden Anregungen wird üblicherweise in der Rundum-Beurteilung aufgegriffen – ein weiteres Indiz für ihren primär herrschaftlichen Charakter.

Beleg A-1:    Feedback aus der Perspektive des Kommunikations- und Verhaltenstrainings (aus: Schwäbisch & Siems 1976, 68-71)

1. Gib Feedback, wenn der andere es auch hören kann.
2. Feedback soll so ausführlich und konkret wie möglich sein.
3. Teilen Sie Ihre Wahrnehmungen als Wahrnehmungen, Ihre Vermutungen als Vermutungen und Ihre Gefühle als Gefühle mit.
4. Feedback soll den anderen nicht analysieren.
5. Feedback soll auch gerade positive Gefühle und Wahrnehmungen umfassen.
6. Feedback soll umkehrbar sein. ("Was X zu Y sagt, muss auch Y zu X sagen können").
7. Feedback soll die Informationskapazität des anderen berücksichtigen.
8. Feedback sollte sich auf begrenztes konkretes Verhalten beziehen.
9. Feedback sollte möglichst unmittelbar erfolgen.
10. Die Aufnahme von Feedback ist dann am günstigsten, wenn der Partner es sich wünscht.
11. Sie sollten Feedback nur annehmen, wenn Sie dazu auch in der Lage sind.
12. Wenn Sie Feedback annehmen – hören sie zunächst nur ruhig zu.
13. Feedback-Geben bedeutet, Informationen zu geben, und nicht, den anderen zu verändern.

## Anhang 2: Schriftliche Feedback-Verfahren

Im Folgenden sind einige Verfahren abgedruckt, die bei der Aufwärtsbeurteilung, dem 360°-Feedback und der Mitarbeiterbefragung eingesetzt worden sind bzw. von FachautorInnen empfohlen werden. Es geht hier nicht darum, die Lektüre dieser Publikationen zu ersetzen, weil das Studium der Originalquellen einen sehr viel plastischeren Zugang bietet. Es soll vielmehr ein erster Eindruck von der Vielfalt der Zugänge gegeben werden, die bei der Beurteilung von Führungsverhalten genutzt werden. Dabei erfolgt ohnehin schon eine Einschränkung auf strukturierte *schriftliche* Erhebungsverfahren. Jedes der zitierten Verfahren lädt dazu ein, über die eingebauten Unterstellungen nachzudenken, die in Bezug auf das Setting (insbesondere die Rahmung des Beurteilungsprozesses), die Beurteilten und die Beurteilenden gemacht werden.

Ich beginne mit zwei 'offenen' Verfahren, um dann eine Reihe hoch strukturierter Fragebogen abzudrucken, die das illustrieren sollen, was im methodologischen Teil dieses Aufsatzes zur Auswahl und Formatierung der Beurteilungsinhalte gesagt wurde.

Die von Brinkmann (1998, 172) übernommene "Rückmeldekarte zum Führungsverhalten" ist als eine Hilfestellung gedacht, die die Abstraktheit und Informationsarmut standardisierter Fragebogen vermeiden soll. Sie kann einerseits mit dem gruppendynamischen Feedback (s. den Beleg A-2.1) und andererseits mit dem Frageschema der 'Critical Incident Technique' in Beziehung gesetzt werden. Bei der CIT sollen zu einer kritischen Episode nähere Informationen geliefert werden. Kritisch ist ein Vorfall dann, wenn er einen Unterschied macht zwischen gutem und schlechtem, erfolgreichem und fehlgeschlagenem Führungsverhalten. Meist werden vier Fragen gestellt:
- Wie kam es dazu? (Vorgeschichte)
- Wer war beteiligt? (Handelnde und betroffene Personen, Vernetzung)
- Was ist *konkret* geschehen? Wer hat was getan oder gesagt, das sich als kritisch herausgestellt hat? (Handlungsebene)
- Wie ging es weiter? Was kam heraus? (intendierte und nichtintendierte Folgen)

Mit der 'Rückmeldekarte' soll der Führungskraft möglichst sofort und direkt gesagt werden, welches Verhalten als gut oder schlecht erlebt wurde und welche Änderungswünsche es gibt. Wie beim klassischen Feedback, dessen Spontaneität hier durch Verschriftung gebremst wird, soll beschreibend reagiert werden: welches konkrete Verhalten hat mir (nicht) gefallen? [Hinzuzufügen: Was hat es bei mir ausgelöst? (Gefühle, Erwartungen, Erfahrungen]. Was wünsche ich mir?

Ein Mitarbeiter, der eine solche Karte schreibt, tritt praktisch immer aus der Anonymität heraus – und man kann sich fragen, warum das Ganze nicht in einem persönlichen Gespräch erledigt wird. In der vorliegenden Formalisierung erinnert es ein bisschen an Fleißzettelchen früherer Pädagogik bzw. an Verwarnungen oder Bußgeldbescheide oder an (anonyme?) Beschwerden, die im Kummerkasten deponiert werden.

Beleg A-2.1:    'Rückmeldekarte zum Führungshandeln'
(nach Brinkmann 1998, 172)

---

Name des Vorgesetzten:                     Datum

Art des Führungshandelns:

..........................................................................................................

Was mir daran gefallen hat:

..........................................................................................................

Was nicht optimal/falsch gelaufen ist:

..........................................................................................................

Was ich als Ursache dafür sehe:

..........................................................................................................

Was aus meiner Sicht anders gemacht werden sollte:

..........................................................................................................

Diese Information dient nur dem Feedback ☐

Ich wünsche ein Gespräch ☐

Mein Name: ......................................................................................

---

Das nächste Verfahren (s. S. 79) folgt einem Vorbild, das Domsch 'Radar-Diagramm' nennt. Es kann in einer Gruppensituation eingesetzt werden und bedient sich der Moderationsmethode des 'Punktens'. Ähnlich wie beim 'Blitzlicht' oder dem 'Stimmungsbarometer' werden die TeilnehmerInnen gebeten, in jede der vorgegebenen Rubriken einen Punkt zu kleben, mit dem sie markieren sollen, wie zufrieden sie mit dem jeweiligen Aspekt des Führungsverhaltens sind. Die Punktewolken liefern sofort und anschaulich – nahezu ohne Auswertungsaufwand - einen ersten Überblick, der Grundlage einer gemeinsamen Diskussion und Klärung sein kann. Statt des Kreisdiagramms könnte man selbstverständlich auch einen der später zitierten Fragebogen nutzen, den man auf DIN A2- oder DIN A1-Format vergrößert und an eine Stelltafel hängt; man müsste nur genügend Raum fürs Punkten lassen [s.a. den Vorschlag von Info-Tafeln (Meta-Plan-Pinnwände) in Wahren 1999 (111 und 138 f.), auf denen für konkrete Ziele der aktuelle Stand der Dinge visualisiert wird, sodass jede Person sofort 'Feedback' hat].

Zwei Beispielitems:

*Kleben Sie bitte pro Frage Ihren Punkt in die Rubrik, die Ihre Meinung am besten wiedergibt:*

*Mit dem Informationsverhalten von ... bin ich*

| 1 | 2 | 3 | 4 | 5 |
|---|---|---|---|---|
| Sehr zufrieden | ziemlich zufrieden | zufrieden | eher unzufrieden | sehr unzufrieden |
| | | | | |

*"Meine Vorgesetzte / mein Vorgesetzter*

| | ++ | + | 0 | + | ++ | |
|---|---|---|---|---|---|---|
| lässt mir völlig freie Hand | | | | | | nimmt alles selbst in die Hand |

*Kleben Sie bitte pro Frage jeweils einen Punkt an der zutreffenden Stelle. "*

Beleg A-2.2:  Radar-Diagramm (nach einer Vorlage von Domsch 1999, 491; die Beantwortung erfolgt durch Bepunkten; Erläuterung im Text S. 78)

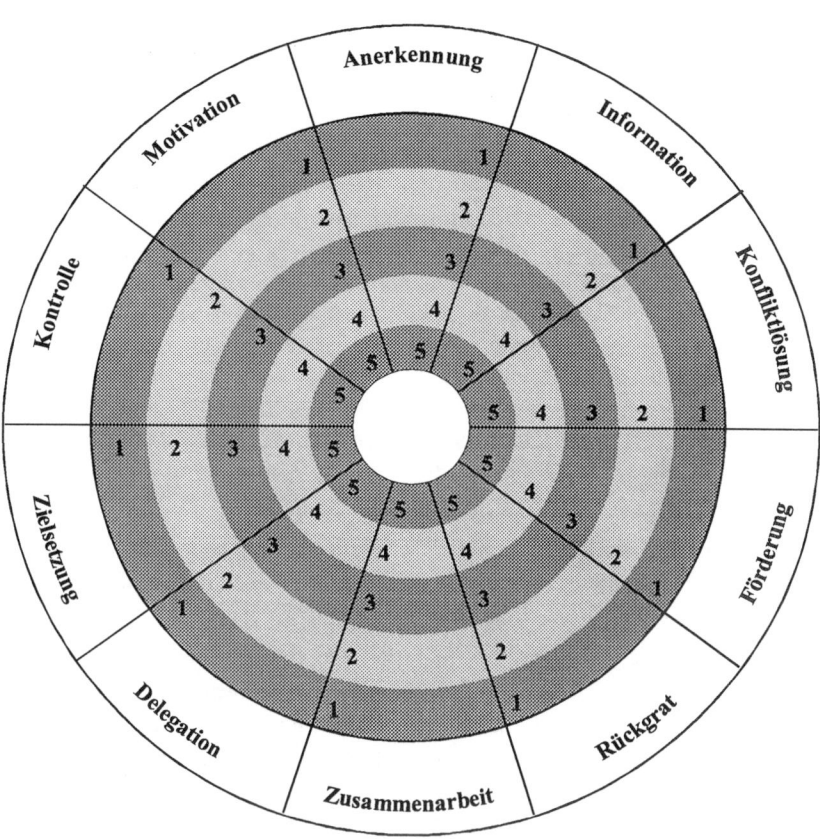

Die weiteren Fragebogen-Beispiele (s. die Belege A-2.3 bis A-2.10) sollen die Vielfalt der Verfahren illustrieren, die bei Multi-Source-Feedbacks eingesetzt werden. Zusätzliche Instrumente finden sich in den Veröffentlichungen, die auf Seite 34 und 39 zitiert sind.

Erläuterungen zu den folgenden Belegen:

Die ersten drei Belege sind Beispiele für Aufwärtsbeurteilungen (Upward Feedback, Vorgesetztenbeurteilungen). Sie sind nach dem Muster der klassischen Führer-Verhaltens-Beschreibungen oder Führungsstilanalysen konzipiert. Sehr deutlich kommt dieser Ansatz im Beleg A-2.4 (S. 82/83: Esso-Vorgesetztenbeurteilung, Ludwig 1994) zum Ausdruck, der in Aufbau und Umfang dem FVVB (Fragebogen zur Vorgesetzten-Verhaltensbeschreibung) von Fittkau & Fittkau-Garthe 1971 ähnelt. Die Items lassen sich nachträglich in Dimensionen bündeln.

Ein Problem, das mit dieser Art der Datenerhebung in der Praxis meist verbunden ist, illustriert der gegenüberliegende Beleg A-2.3. Iseke (1991) zeigt,
- dass die Unterstellten einer Führungskraft, die dieser Feedback geben, zum Teil völlig unterschiedlicher Meinung sind, wenn sie die Häufigkeit bestimmten Verhaltens einschätzen sollen. Die Bildung eines Mittelwerts pro Item bedeutet einen erheblichen Informationsverlust;
- nicht alle Fragen sind von allen MitarbeiterInnen beantwortet worden. Dieses 'missing data'-Problem kommt in der Praxis des öfteren vor, weil MitarbeiterInnen die Fragebogen-Instruktion unsorgfältig lessen und/oder nur zu solchen Aussagen Stellung nehmen, die sie bedeutsam finden oder zu denen sie konkretes Verhalten erlebt haben;
- die Selbstbeurteilung der Führungskraft deckt sich zum Teil mit den Einschätzungen der Unterstellten (siehe Item 18), zum Teil aber haben die MitarbeiterInnen völlig andere Ansichten (z.B. 9 bis 11).

Der BMW-Fragebogen zur Aufwärtsbeurteilung (Beleg A-2.5) ist im Unterschied zum Esso-Fragebogen dimensional geordnet, lässt aber nicht erkennen, nach welchen Prinzipien Dimensions- und Itemauswahl vorgenommen wurden [s. dazu auch die Varianten in Bihls Anhang (1995)].

Die folgenden zwei Belege (A-2.6 und A-2.7) sind Variationen einer Vorgehensweise, die von den Befragten pro Items zwei Aussagen verlangt: Sie sollen zu einen das gezeigte Verhalten einschätzen und zum anderen angeben, wie wichtig dieses Verhalten für sie ist. Die Gewichtungen schaffen die Möglichkeit, bei der Maßnahmenplanung (z.B. Entwicklungsmaßnahmen, Coaching) Akzente entsprechend der Bedeutung und Dringlichkeit zu setzen.

Beleg A-2.8 von General Electric ist ein echtes 360°-Feedback-Instrument, das eine Operationalisierung der zentralen GE-Werte vornimmt.

Die letzten beiden Belege dieses Abschnitts (A-2.9 und A-2.10) sind Beispiele für verhaltensverankerte Einstufungs-Skalen. Für jeweils *eine* Verhaltensdimension wird vorgeführt, wie differenziert und konkret Ausprägungsgrade des Zielverhaltens beschrieben werden sollen. Dass dieser Konkretheitsgrad für 360°-Beurteilungen Schwierigkeiten mit sich bringt, liegt auf der Hand. Im Prinzip aber bietet dieses Vorgehen schon sehr konkrete Anhaltspunkte für Verbesserungsmaßnahmen. Als systematischer Ansatz in dieser Richtung wird Bühners "SVM" in Anhang 3 vorgestellt.

| | 1 immer | 2 oft | 3 manchmal | 4 selten | 5 nie |
|---|---|---|---|---|---|
| 1) hat klare Vorstellungen über die zu erreichenden Ziele | | ○○● | ○ | | |
| 2) benennt die Anforderungen an die MitarbeiterInnen | | ○○● | ○ | ○ | |
| 3) erklärt Arbeitsaufgaben verständlich und gründlich | ○ | ○●○○ | ○ | ○ | |
| 4) informiert regelmäßig und umfassend über Dinge, die meinen Arbeitsplatz betreffen | ○ ○ | ○ ● | ○ | ○ ○ | |
| 5) bestimmt Kriterien für erforderliche Leistungen | | | ○ ● | ○ | ○ |
| 6a) äußert Anerkennung | | ○ | ○ ● ○ ○ | | |
| 6b) und konstruktive Kritik | | | ○ ● | ○ ○ | ○ |
| 7) bietet MitarbeiterInnen Hilfestellung und Unterstützung an | ○ ● | ○ ○ | ○ | ○ | |
| 8) legt Wert auf positive zwischenmenschliche Beziehungen | ○ ● | ○ | ○ | | |
| 9) gibt MitarbeiterInnen die Möglichkeit, ihre Fehler selbst herauszufinden und zu korrigieren | | ○ ● | ○ | ○ | ○ ○ |
| 10) bezieht MitarbeiterInnen in Zielfindungs- und Entscheidungsprozesse ein | | ○ ● | ○ ○ | ○ ○ | |
| 11) belohnt und fördert MitarbeiterInnen hinsichtlich ihres Engagements | | ○ ● | ○ ○ | ○ ○ | |
| 12) bespricht mit MitarbeiterInnen ihren Leistungsfortschritt und Zielerreichungsgrad | ○ | ○ | ● ○ ○ | ○ | |
| 13) stellt ausgezeichnete Leistungen der MitarbeiterInnen besonders heraus | | | ○ ○ | ● ○ | |
| 14) beurteilt auf der Basis des tatsächlichen Leistungsverhaltens und weniger auf der Basis von Sympathie/Antipathie | ○ | ○ | ● | | |
| 15) setzt sich für die weitere Entwicklung meines Verantwortungsbereichs ein | | ○ ● ○ / ○ ● ○ | ○ | | |
| 16) führt Mitarbeitergespräche so durch, daß die Zusammenarbeit gefördert wird | | ○ ● | ○ ○ ○ | | |
| 17) ermutigt MitarbeiterInnen, die Dinge, die sie für wichtig halten, zu benennen und zu realisieren | ○ | ○ ○ / ○ ○ | ● | | |
| 18) zeigt persönliches Engagement in der Verfolgung unternehmensbezogener Ziele | ○ | ○ ○⊘ / ○ ● ○ | | | |
| 19) kann mit geäußerter Kritik umgehen | | ○ ● ○ | | | |

● = Selbsteinschätzung der Führungskraft    O = Fremdeinschätzung der MitarbeiterInnen

Beleg A-2.3: Auswertungsblatt einer Führungs- und Arbeitssituationsanalyse (FASA); (Iseke 1991, S. 91). Erläuterungen im Text (S. 80).

81

Beleg A-2.4:  Esso-Vorgesetzten-Beurteilung

01  Er analysiert und plant sorgfältig.
1. fast nie, 2. selten, 3. manchmal, 4. häufig, 5. fast immer

[1] [2] [3] [4] [5]

02  Er setzt Mitarbeiter und Mittel rationell, d.h. sach- und
termingerecht ein. 1. nicht erkennbar, 2. selten, 3. manchmal, 4. häufig, 5. ganz bewußt und regelmäßig

[1] [2] [3] [4] [5]

03  Er handelt auch bei höheren Beanspruchungen sicher und
überlegt. 1. fast nie, 2. selten, 3. manchmal, 4. häufig,
5. fast immer

[1] [2] [3] [4] [5]

04  Die Mitarbeiter müssen auch Arbeiten erledigen, die aus
ihrer Sicht überflüssig erscheinen. 1. fast immer, 2. häufig,
3. manchmal, 4. selten, 5. fast nie

[1] [2] [3] [4] [5]

05  Die Mitarbeiter haben genügend Möglichkeiten, an ihren
Arbeitsplätzen – so wie sie jetzt organisiert sind – ihre
Fähigkeiten einzusetzen. 1. keine Möglichkeiten, 2. wenig
Möglichkeiten, 3. durchschn. viele Möglichkeiten, 4. ziem-
lich viele Möglichkeiten, 5. sehr viele Möglichkeiten

[1] [2] [3] [4] [5]

06  Er ist ständig um eine wirkungsvolle Teamarbeit bemüht.
1. fast nie, 2. selten, 3. manchmal, 4. häufig, 5. fast immer

[1] [2] [3] [4] [5]

07  Er "erdrückt" im Team die anderen Mitglieder.
1. sehr stark, 2. stark, 3. etwas, 4. kaum, 5. überhaupt nicht

[1] [2] [3] [4] [5]

08  Er ist bereit, auf Vorschläge einzugehen.
1. fast nie, 2. selten, 3. manchmal, 4. häufig, 5. fast immer

[1] [2] [3] [4] [5]

09  Er ist entschlussfreudig.
1. fast nie, 2. selten, 3. manchmal, 4. häufig, 5. fast immer

[1] [2] [3] [4] [5]

10  Treffen seine Mitarbeiter innerhalb ihres Kompetenzbe-
reichs selbständig Entscheidungen, so fühlt er sich übergan-
gen und ist verärgert. 1. fast immer, 2. häufig, 3. manchmal,
4. selten, 5. fast nie

[1] [2] [3] [4] [5]

11  Er gibt seinen Mitarbeitern Gelegenheit zur Abgabe ihres
eigenen Urteils, wenn es im Interesse der Sache zweckmä-
ßig ist, und ermuntert sie, an Entscheidungen mitzuwirken.
1. fast nie, 2. selten, 3. manchmal, 4. häufig, 5. fast immer

[1] [2] [3] [4] [5]

12  Er verantwortet die Handlungen seiner Mitarbeiter gegenüber Dritten. 1. fast nie, 2. selten, 3. manchmal, 4. häufig,
5. fast immer

[1] [2] [3] [4] [5]

13  Er setzt die Mitarbeiter soweit wie möglich ihrem Leistungs-
vermögen und ihrem Leistungswillen entsprechend ein.
1. fast nie, 2. selten, 3. manchmal, 4. häufig, 6. fast immer

[1] [2] [3] [4] [5]

14  Die Mitarbeiter fühlen sich einem ständigen unangemesse-
nen Leistungsdruck ausgesetzt. 1. fast immer, 2. häufig,
3. manchmal, 4. selten, 5. fast nie

[1] [2] [3] [4] [5]

15  Er gibt seinen Mitarbeitern von sich aus alle ihm verfügbaren Informationen, die für die Erfüllung der ihnen zugewiesenen Aufgaben notwendig sind. 1. fast nie, 2. selten,
3. manchmal, 4. häufig, 5. fast immer

[1] [2] [3] [4] [5]

16  Er ermöglicht seinen Mitarbeitern die selbständige Beschaffung aller sonstigen Informationen, die für die Erledigung
der zugewiesenen Aufgaben erforderlich sind. 1. fast nie,
2. selten, 3. manchmal, 4. häufig, 5. fast immer

[1] [2] [3] [4] [5]

17 Er hat klare und sinnvolle Verantwortungen und Vollmach-
ten festgelegt. 1. überhaupt nicht, 2. kaum, 3. teilweise,
4. weitgehend, 5. immer

| 1 | 2 | 3 | 4 | 5 |

18 Er hält sich an die festgelegten Verantwortungen und Voll-
machten. 1. fast nie, 2. selten, 3. manchmal, 4. häufig,
5. fast immer

| 1 | 2 | 3 | 4 | 5 |

19 Die Mitarbeiter erhalten genügend Rückinformationen, um
die Ergebnisse ihrer Arbeit beurteilen zu können. 1. fast nie,
2. selten, 3. manchmal, 4. häufig, 5. fast immer

| 1 | 2 | 3 | 4 | 5 |

20 Er gibt seinen Mitarbeitern Aufgaben, ohne ihnen die nötige
Anleitung anzubieten. 1. fast immer, 2. häufig, 3. manchmal,
4. selten, 5. fast nie

| 1 | 2 | 3 | 4 | 5 |

21 Er versteht es, seine Mitarbeiter nicht durch Hektik, sondern
durch zielgerichtete Aktivität anzuregen. 1. überhaupt nicht,
2. kaum, 3. etwas, 4. stark, 5. sehr stark

| 1 | 2 | 3 | 4 | 5 |

22 Die Mitarbeiter fühlen sich und ihre Leistung richtig und ge-
recht beurteilt. 1. fast nie, 2. selten, 3. manchmal, 4. häufig,
5. fast immer

| 1 | 2 | 3 | 4 | 5 |

23 Er fördert seine Mitarbeiter und kümmert sich um ihre Entwicklung. 1. so gut wie gar nicht, 2. wenig, 3. manchmal,
4. häufig, 5. regelmäßig

| 1 | 2 | 3 | 4 | 5 |

24 Wenn Mitarbeiter ein fachliches Problem haben, können sie
sich an ihn wenden. 1. fast nie, 2. selten, 3. manchmal,
4. häufig, 5. fast immer

| 1 | 2 | 3 | 4 | 5 |

25 Macht ein Mitarbeiter einen Fehler, versteht es der Vorgesetzte, ihn sachlich und angemessen zu kritisieren.
1. fast nie, 2. selten, 3. manchmal, 4. häufig, 5. fast immer

| 1 | 2 | 3 | 4 | 5 |

26 In Gesprächen mit seinen Mitarbeitern schafft er eine At-
mosphäre, in der sie sich gelöst und entspannt fühlen.
1. fast nie, 2. selten, 3. manchmal, 4. häufig, 5. fast immer

| 1 | 2 | 3 | 4 | 5 |

27 Er hat den Mut, Fehlverhalten und Mängel taktvoll anzu-
sprechen, und hilft bei der Korrektur. 1. fast nie, 2. selten,
3. manchmal, 4. häufig, 5. fast immer

| 1 | 2 | 3 | 4 | 5 |

28 Er zeigt Anerkennung, wenn ein Mitarbeiter gute Arbeit
leistet. 1. fast nie, 2. selten, 3. manchmal, 4. häufig,
5. fast immer

| 1 | 2 | 3 | 4 | 5 |

29 Er "verkauft" die Vorschläge anderer als seine eigenen.
1. oft, 2. relativ häufig, 3. manchmal, 4. selten, 5. nie

| 1 | 2 | 3 | 4 | 5 |

30 Er behandelt seine Mitarbeiter als Gleichberechtigte, ohne
sich anzubiedern. 1. fast nie, 2. selten, 3. manchmal,
4. häufig, 5. fast immer

| 1 | 2 | 3 | 4 | 5 |

31 Persönlichen Ärger oder Ärger mit der Geschäftsleitung
lässt er an seinen Mitarbeitern aus. 1. fast immer, 2. häufig,
3. manchmal, 4. selten, 5. fast nie

| 1 | 2 | 3 | 4 | 5 |

32 Seinen Mitarbeitern gegenüber ist er nachtragend.
1. fast immer, 2. häufig, 3. manchmal, 4. selten, 5. fast nie

| 1 | 2 | 3 | 4 | 5 |

aus: Ludwig, Helmut (1994): Vorgesetztenbeurteilung von unten nach oben. Ein
personalpolitisches Instrument bei der Esso AG. Personalführung (7), 650-657

Beleg A-2.5: Fragebogen zur Aufwärtsbeurteilung in der BMW AG (verteilt von Gerhard Bihl bei einem Workshop des Machwürth Teams)

Bitte tragen Sie Ihre Beurteilung **nicht** in den Fragebogen, sondern in den beigefügten **Ablochbeleg** ein! [Dieser Ablochbeleg wird hier nicht abgedruckt, O.N.]

## I. Zielvereinbarung

1. Ich werde ausreichend darüber informiert, welche übergeordneten Zielsetzungen bestehen und welchen Beitrag ich zur Zielerreichung leisten kann.

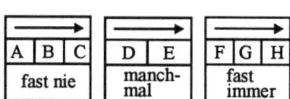

2. Meine persönlichen Ziele werden im Gespräch gemeinsam mit mir definiert und vereinbart.

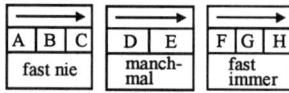

## II. Förderung der Zielerreichung

3. Mein Vorgesetzter setzt sich im Rahmen der Möglichkeiten für meine Belange als Mitarbeiter ein (z.B. Ausstattung an Sachmitteln).

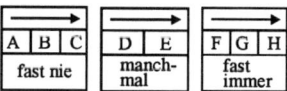

4. Ist über den Stand meiner Arbeit informiert.

5. Erscheint dabei als "Wachhund".

6. Versteht es, mich durch zielgerichtete Fragen und Anregungen bei der Erledigung meiner Aufgaben zu unterstützen.

## III. Übertragung von Aufgaben, Befugnissen und Verantwortung

7. Überträgt dort, wo es möglich ist, ganze Aufgabenkomplexe und nicht nur Einzelaufgaben.

8. Schafft durch eindeutige Vertretungs-, Entscheidungs- und Anweisungsbefugnisse für mich die Voraussetzungen, dass ich meine Aufgaben eigenverantwortlich erfüllen kann.

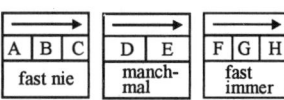

9. Meine Arbeitsgebiete und Aufgaben ändert er nur dann, wenn er dies vorher mit mir besprochen hat.

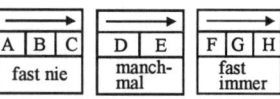

## IV: Einsatz und Motivation

10. Setzt mich entsprechend meiner Kenntnisse und Fähigkeiten ein.

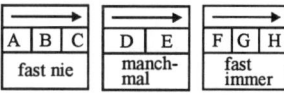

11. Gibt mir Gelegenheit zur Abgabe meines eigenen Urteils und ermöglicht mir, an Entscheidungen mitzuwirken.

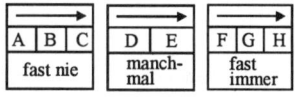

12. Versteht es, mich durch Anerkennung bzw. geschickte Kritik anzuspornen.

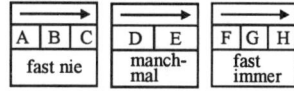

13. Spricht Fehlverhalten und Mängel sachlich und taktvoll an.

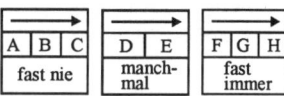

14. Hilft mir bei der Korrektur.

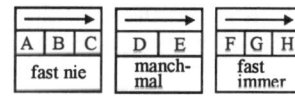

15. Fördert meine Kreativität dadurch, dass er sich mit meinen Innovationsvorschlägen sachlich auseinandersetzt und sich dort, wo es möglich ist, für ihre Durchsetzung einsetzt.

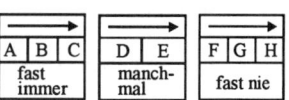

16. "Verkauft" die Vorschläge anderer als seine eigenen.

## V. Information und Kommunikation

17. Versorgt mich mit den für die Erledigung meiner Arbeit notwendigen Informationen. (Berücksichtigen Sie dabei z.b. die Rechtzeitigkeit, Regelmäßigkeit und Vollständigkeit der Informationen.)

18. Ermöglicht mir die selbständige Beschaffung notwendiger Informationen.

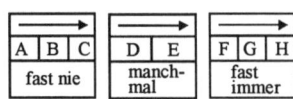

19. Um den Informationsaustausch zu fördern, führen mein Vorgesetzter und ich regelmäßige Besprechungen.

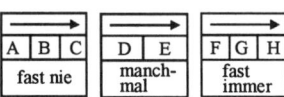

## VI. Zusammenarbeit

20. Verhält sich in der Zusammenarbeit mit mir kooperativ.

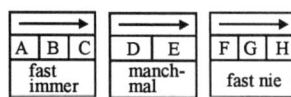

21. Verhält sich in der Zusammenarbeit mit mir dominierend.

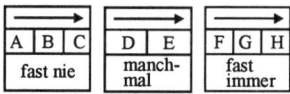

22. Stellt sich nach einer von ihm akzeptierten gemeinsamen Entscheidung voll hinter diese Entscheidung, auch wenn diese nicht genau seiner eigenen Beurteilung entspricht.

23. In der Art der Zusammenarbeit mit mir spiegelt sich ein Gespür für zwischenmenschliche Beziehungen und die Bereitschaft, auf diese auch einzugehen, wider.

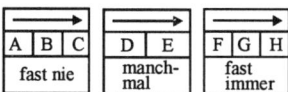

## VII. Mitarbeiterförderung

24. Regt mich dazu an, meine persönlichen Qualifikationen zu erweitern.

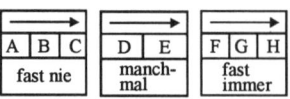

25. Sorgt dafür, dass ich an gezielten Weiterbildungsmaßnahmen teilnehmen kann.

| A | B | C | D | E | F | G | H |
|---|---|---|---|---|---|---|---|
| fast nie | | | manch-mal | | fast immer | | |

26. Ermöglicht die praktische Umsetzung des neu erworbenen Wissens.

| A | B | C | D | E | F | G | H |
|---|---|---|---|---|---|---|---|
| fast nie | | | manch-mal | | fast immer | | |

27. Informiert mich rechtzeitig über zukünftige neue Anforderungen und gibt mir Anregungen, wie ich mich darauf vorbereiten könnte.

| A | B | C | D | E | F | G | H |
|---|---|---|---|---|---|---|---|
| fast nie | | | manch-mal | | fast immer | | |

28. Fördert im Rahmen meiner persönlichen Qualifikation und den betrieblichen Gegebenheiten meine berufliche Entwicklung.

| A | B | C | D | E | F | G | H |
|---|---|---|---|---|---|---|---|
| fast nie | | | manch-mal | | fast immer | | |

## VIII. Führungsverhalten allgemein

29. Wenn mein Vorgesetzter Ärger hat, hat dies negative Auswirkungen auf unsere Zusammenarbeit.

| A | B | C | D | E | F | G | H |
|---|---|---|---|---|---|---|---|
| fast immer | | | manch-mal | | fast nie | | |

30. Ist in der Lage, Kritik zu akzeptieren.

| A | B | C | D | E | F | G | H |
|---|---|---|---|---|---|---|---|
| fast nie | | | manch-mal | | fast immer | | |

31. Trägt durch sein Verhalten zu einem leistungsfördernden Betriebsklima bei.

| A | B | C | D | E | F | G | H |
|---|---|---|---|---|---|---|---|
| fast nie | | | manch-mal | | fast immer | | |

32. Sein Führungsverhalten ist insgesamt als vorbildlich anzusehen.

| A | B | C | D | E | F | G | H |
|---|---|---|---|---|---|---|---|
| fast nie | | | manch-mal | | fast immer | | |

Beleg A-2.6: Die Aufwärtsbeurteilung bei DeTeWe (aus: Binder & Weider 1998)

| Wichtigkeit | 1 sehr wichtig | 2 ziemlich wichtig | 3 wichtig | 4 weniger wichtig | 5 nicht wichtig | Einschätzung |
|---|---|---|---|---|---|---|

| Wichtigkeit | | Einschätzung |
|---|---|---|
| 1 2 3 4 5 | 1. ermutigt die Mitarbeiter, Verantwortung zu übernehmen. | 1 2 3 4 5 |
| 1 2 3 4 5 | 2. ist bereit, für die selbstgetroffenen Entscheidungen die Verantwortung zu tragen. | 1 2 3 4 5 |
| 1 2 3 4 5 | 3. versichert sich, daß der Gesprächspartner zu folgen vermag. | 1 2 3 4 5 |
| 1 2 3 4 5 | 4. trennt Person und Sache. | 1 2 3 4 5 |
| 1 2 3 4 5 | 5. bietet den Mitarbeitern gute Möglichkeiten zur Weiterentwicklung. | 1 2 3 4 5 |
| 1 2 3 4 5 | 6. setzt sich eher durch Argumentation und Überzeugung durch und nicht aufgrund von „Amtsautorität". | 1 2 3 4 5 |
| 1 2 3 4 5 | 7. trägt Gruppenentscheidungen mit. | 1 2 3 4 5 |
| 1 2 3 4 5 | 8. stellt bisherige Abläufe, Verfahren / Techniken konstruktiv in Frage. | 1 2 3 4 5 |
| 1 2 3 4 5 | 9. hat anspruchsvolle, aber realistische Ziele. | 1 2 3 4 5 |
| 1 2 3 4 5 | 10. spricht Lob und Anerkennung aus. | 1 2 3 4 5 |
| 1 2 3 4 5 | 11. stellt sich auch dann außen vor die Mitarbeiter, wenn einmal etwas danebengegangen ist. | 1 2 3 4 5 |
| 1 2 3 4 5 | 12. hört aufmerksam einem Gesprächspartner zu und läßt ihn ausreden. | 1 2 3 4 5 |
| 1 2 3 4 5 | 13. bleibt auch bei persönlichen Angriffen sachlich. | 1 2 3 4 5 |
| 1 2 3 4 5 | 14. bezieht Betroffene in Entscheidungsprozesse ein. | 1 2 3 4 5 |
| 1 2 3 4 5 | 15. behält -insbesondere in schwierigen Situationen - das Ziel im Auge und richtet die Führung danach aus. | 1 2 3 4 5 |
| 1 2 3 4 5 | 16. vertritt Unternehmensbelange und Entscheidungen überzeugend von „oben" nach „unten". | 1 2 3 4 5 |
| 1 2 3 4 5 | 17. entwickelt -wenn nötig- kurzfristig alternative Umsetzungsmöglichkeiten. | 1 2 3 4 5 |
| 1 2 3 4 5 | 18. hat die Kompetenzen sauber delegiert, die die Mitarbeiter benötigen, um selbstständig entscheiden zu können. | 1 2 3 4 5 |
| 1 2 3 4 5 | 19. gleicht aus oder schlichtet kritische Situationen. | 1 2 3 4 5 |
| 1 2 3 4 5 | 20. gibt relevante Informationen an Mitarbeiter weiter. | 1 2 3 4 5 |
| 1 2 3 4 5 | 21. bemüht sich um Klärung und erreicht tragfähige Kompromisse. | 1 2 3 4 5 |
| 1 2 3 4 5 | 22. ist bereit, auf Basis neuer Informationen eine selbst getroffene Entscheidung zu revidieren. | 1 2 3 4 5 |

DeTeWe
Kommunikationssysteme

| Wichtigkeit | 1 sehr gut | 2 gut | 3 zufriedenstellend | 4 weniger zufriedenstellend | 5 verbesserungswürdig | Einschätzung |
|---|---|---|---|---|---|---|

Beleg A-2.7: Fragebogen Feedbackgeber (aus: Rieker 1984, S. 184)

|  | **Wichtigkeit** | **Sie / Er ...** | **Leistung** |  |
|---|---|---|---|---|
| niedrig | hoch |  | niedrig | hoch |

| Wichtigkeit | Sie / Er ... | Leistung |
|---|---|---|
| 1 2 3 4 5 6 ☐☐☐☐☐☐ | bietet seinen Mitarbeitern Gelegenheiten, ihre Fähigkeiten und ihre Erfahrung zu erweitern | 1 2 3 4 5 6 ☐☐☐☐☐☐ |
| 1 2 3 4 5 6 ☐☐☐☐☐☐ | strengt sich sehr an, daß seinen Mitarbeitern die Arbeit Spaß macht und sie zufrieden sind. | 1 2 3 4 5 6 ☐☐☐☐☐☐ |
| 1 2 3 4 5 6 ☐☐☐☐☐☐ | zeigt Vertrauen in seine Mitarbeiter und vermittelt ihnen das Gefühl, dass sie wichtig sind. | 1 2 3 4 5 6 ☐☐☐☐☐☐ |
| 1 2 3 4 5 6 ☐☐☐☐☐☐ | interessiert sich für seine Mitarbeiter, ist offen und aufmerksam für ihre Wünsche und Bedürfnisse. | 1 2 3 4 5 6 ☐☐☐☐☐☐ |
| 1 2 3 4 5 6 ☐☐☐☐☐☐ | behandelt seine Mitarbeiter fair und konsequent und setzt sich für ihre Belange ein. | 1 2 3 4 5 6 ☐☐☐☐☐☐ |
| 1 2 3 4 5 6 ☐☐☐☐☐☐ | gibt seinen Mitarbeitern eine angemessene Handlungsfreiheit. | 1 2 3 4 5 6 ☐☐☐☐☐☐ |
| 1 2 3 4 5 6 ☐☐☐☐☐☐ | bietet seinen Mitarbeitern die Gelegenheit, die Ziele ihrer Arbeit mit festzulegen. | 1 2 3 4 5 6 ☐☐☐☐☐☐ |
| 1 2 3 4 5 6 ☐☐☐☐☐☐ | ermutigt seine Mitarbeiter dazu, selbst Entscheidungen zu treffen und zu urteilen. | 1 2 3 4 5 6 ☐☐☐☐☐☐ |
| 1 2 3 4 5 6 ☐☐☐☐☐☐ | würdigt die Beiträge einzelner Mitarbeiter und bedankt sich dafür. | 1 2 3 4 5 6 ☐☐☐☐☐☐ |
| 1 2 3 4 5 6 ☐☐☐☐☐☐ | schätzt seine Mitarbeiter aufgrund von Fakten ein und nicht auf Basis persönlicher Sympathie. | 1 2 3 4 5 6 ☐☐☐☐☐☐ |
| 1 2 3 4 5 6 ☐☐☐☐☐☐ | unterstützt seine Mitarbeiter dabei, dass sie aus ihren Fehlern lernen können und bestraft sie nicht dafür. | 1 2 3 4 5 6 ☐☐☐☐☐☐ |
| 1 2 3 4 5 6 ☐☐☐☐☐☐ | spricht mit seinen Mitarbeitern über ihre Schwächen in einer Weise, die hilfreich ist und von ihnen akzeptiert wird. | 1 2 3 4 5 6 ☐☐☐☐☐☐ |
| 1 2 3 4 5 6 ☐☐☐☐☐☐ | spricht mit seinen Mitarbeitern über ihre Leistungen, gibt ihnen Ratschläge und Hilfen sich weiterzuentwickeln. | 1 2 3 4 5 6 ☐☐☐☐☐☐ |
| 1 2 3 4 5 6 ☐☐☐☐☐☐ | lässt einen Dialog mit seinen Mitarbeitern entstehen und ermutigt sie zu Rückmeldungen. | 1 2 3 4 5 6 ☐☐☐☐☐☐ |

Beleg A-2.8:  *GE-IPS*-360°-Beurteilungsbogen für Führungskräfte

Der von GE eingesetzte 360°-Beurteilungsbogen hat sich – so Slater 1997 – als Grundlage für die Bewertung der Führungsqualitäten von Mitarbeitern aus allen Richtungen (d.h. Vorgesetzten, Kollegen, direkt unterstellten Mitarbeitern und Kunden) bewährt. Der Beurteilungsbogen weist die "*GE*-Werte" aus.

| Merkmal | Leistungskriterium | Vorge-setzter | Kollege | Unter-stellter Mitar-beiter | Andere |
|---|---|---|---|---|---|
| Vision | • Hat eine klare, einfache, kundenzentrierte Vision/Ausrichtung für die Organisation entwickelt und vermittelt<br>• Denkt nach vorn, erweitert Horizonte, fördert Vorstellungsvermögen<br>• Vermittelt anderen Begeisterung und Energie für die gemeinsam vertretene Vision, kann motivieren; vermag durch vorbildliches Verhalten zu führen<br>• Passt die Vision gegebenenfalls an den kontinuierlichen und immer schnelleren Wandel und seine Auswirkungen auf das Unternehmen an | | | | |
| Kunden-fokus/ Qualitäts-denken | • Hört den Kunden zu und räumt Kundenzufriedenheit (einschließlich internen Kunden) höchste Priorität ein<br>• Vermittelt und beweist Begeisterung für hervorragende Leistungen in allen Aspekten der Arbeit<br>• Ist um 100prozentige Erfüllung der Qualitätsansprüche im gesamten Produkt-/Dienstleistungsangebot bemüht<br>• Lebt für den Dienst am Kunden und schafft in der gesamten Organisation eine positive Kundendienst-Einstellung | | | | |
| Integrität | • Fühlt sich in allen Verhaltensaspekten unerschütterlich der Ehrlichkeit/Wahrheit verpflichtet<br>• Kommt seinen Verpflichtungen nach; übernimmt Verantwortung für die eigenen Fehler<br>• Zeigt absolute Übereinstimmung mit den Unternehmensrichtlinien einschließlich ihrer *GE-IPS*-Anforderungen an die Verhaltensmoral<br>• Handelt und denkt, wie er spricht; genießt volles Vertrauen der anderen | | | | |

90

| Merkmal | Leistungskriterium | Vorge-setzter | Kollege | Unter-stellter Mitar-beiter | Andere |
|---|---|---|---|---|---|
| Verantwort-lichkeit/ Engagement | • Entwickelt und verwirklicht aggressive Vor-gehensweisen zur Erreichung von Unter-nehmenszielen<br>• Beweist Mut/Selbstvertrauen und tritt für Überzeugungen, Ideen, Mitarbeiter ein<br>• Verhält sich fair und einfühlsam, zeigt aber trotzdem die Bereitschaft, schwierige Ent-scheidungen zu fällen<br>• Läßt kompromissloses Verantwortungsge-fühl für die Vermeidung von Umweltschä-den erkennen | | | | |
| Kommunika-tion/ Einfluß | • Kommuniziert in aufgeschlossener, offener, klarer, vollständiger und schlüssiger Form und fordert zu Reaktionen/abweichenden Meinungsäußerungen auf<br>• Hört aufmerksam zu und bemüht sich um Ermittlung neuer Ideen<br>• Zieht Fakten und rationale Argumente her-an, um Mitarbeiter zu beeinflussen und zu überzeugen<br>• Baut Barrieren ab und entwickelt einfluss-reiche Beziehungen über alle Teams, Funk-tionen und Ebenen hinweg | | | | |
| Gemeinsam-keit/ Grenzen-losigkeit | • Besitzt genügend Selbstvertrauen, um In-formationen über traditionelle Barrieren hinweg auszutauschen und für neue Ideen aufgeschlossen zu sein<br>• Ermutigt/fördert den gemeinsamen Einsatz für Team-Visionen und -Ziele<br>• Vertraut anderen; ermutigt zu Risikobereit-schaft und zu "grenzenlosem" Verhalten<br>• Unterstützt nachdrücklich *Work-Out* als Möglichkeit für den einzelnen Mitarbeiter, zu Wort zu kommen; ist für Ideen jeglicher Herkunft aufgeschlossen | | | | |
| Teambildung/ *Empower-ment* | • Wählt talentierte Leute aus; betreut und un-terstützt Teammitglieder bei der vollen Ent-faltung ihres Potentials<br>• Delegiert vollständige Aufgabenstellungen; ermächtigt das Team zur Erzielung maxi-maler Effektivität; ist selbst "Mannschafts-spieler"<br>• Erkennt und belohnt Leistung; schafft posi-tives/erfreuliches Arbeitsklima | | | | |

| Merkmal | Leistungskriterium | Vorge-setzter | Kollege | Unter-stellter Mitar-beiter | Andere |
|---|---|---|---|---|---|
| | • Nutzt in vollem Umfang die Verschieden-heit der Teammitglieder (Kultur, Rassenzu-gehörigkeit, Geschlecht) zur Erzielung von Unternehmenserfolg | | | | |
| Wissen/ Kenntnisse/ Denkvermö-gen | • Besitzt und vermittelt bereitwillig funktio-nales/technisches Wissen und Fachkenntnis-se; ist an kontinuierlicher Weiterbildung in-teressiert <br> • Läßt umfangreiches unternehmerisches Wis-sen und funktionsübergreifendes/multikultu-relles Bewusstsein erkennen <br> • Trifft gute Entscheidungen trotz einge-schränkter Datenbasis; nutzt voll seinen Verstand <br> • Unterscheidet spontan zwischen relevanten und irrelevanten Informationen, begreift das Wesentliche an komplexen Problemstellun-gen und leitet Maßnahmen ein | | | | |
| Initiative/ Schnelligkeit | • Schafft realen und positiven Wandel; be-greift Wandel als günstige Gelegenheit <br> • Erkennt Probleme im voraus und leitet neue, bessere Vorgehensweisen ein <br> • Verabscheut/vermeidet/beseitigt "Bürokra-tie" und ist um Kürze, Einfachheit und Klar-heit bemüht <br> • Versteht und nutzt Schnelligkeit als Wett-bewerbsvorteil | | | | |
| Globale Ein-stellung | • Stellt Bewusstsein/Sensitivität für globale Zusammenhänge unter Beweis und hat den Mut zur Bildung globaler Teams <br> • Schätzt und fördert die volle Nutzung glo-baler Diversität sowie unterschiedlicher Fä-higkeiten der Mitarbeiter <br> • Erwägt bei jeder Entscheidung die globalen Konsequenzen, ist von sich aus um globales Wissen bemüht; bringt allen Leuten Würde, Vertrauen und Achtung entgegen | | | | |

Beurteilungsskala: Signifikanter Entwicklungsbedarf $\underset{1}{\llcorner}\underset{2}{\;}\underset{3}{\;}\underset{4}{\;}\underset{5}{\lrcorner}$ Außergewöhnliche Stärke

aus:  Slater, Robert (1997): *"Business is simple"*.
Die 31 Erfolgsgeheimnisse von Jack Welch.
[amerikanische Originalausgabe: Get better or get beaten!]
Landsberg (moderne industrie), hier: 188-196

Beleg A-2.9: Verhaltensverankerte Beurteilungsskala für F&E-Projektleiter
(aus: Gerpott 1992, S. 243)

| Leistungsdimension: | **Arbeitsplanung und -organisation** – die Fähigkeit Projekte und Aufträge zu bewältigen, d.h. u.a. Prioritäten zu setzen, Termine einzuhalten und Details zu beachten |
|---|---|

| Numerische Skala | | Leistungsbeispiele |
|---|---|---|
| 9 | | - setzt und verändert Projektprioritäten angemessen ohne besondere Anleitung durch den Vorgesetzten |
| 8 | mehr als ange-messene oder akzeptable typi-sche Leistung für diese Dimension | - bereitet Pläne, die das Ende von Projektphasen festlegen sowie Alternativplanungen vor<br><br>- bietet aus laufenden Projekten hervorgehende Ideen als Vorschläge für mögliche zukünftige Projekte an |
| 7 | | - koordiniert Arbeitsaktivitäten in verschiedenen laufenden Projekten, ohne Termine zu überschreiten |
| 6 | angemessene oder akzeptable typische Leistung für diese Dimension | - reorganisiert ein Projekt gewöhnlich in angemesse-ner Weise, wenn dies aufgrund von Planänderungen oder von Änderungen technischer Spezifikationen erforderlich ist |
| 5 | | - benutzt systematische Planungsverfahren, wie z.B. Gantt und PERT |
| 4 | | - wendet gelegentlich zu viel Zeit für Detailprobleme auf |
| 3 | weniger als an-messene oder akzeptable typi-sche Leistung für diese Dimension | - hält Projekttermine oft nicht ein<br><br>- stellt nicht die Projektimplementation sicher, nach-dem die wesentlichen Teile eines Projektes abge-schlossen sind |
| 2 | | - zieht jeden Auftrag möglichst lange hinaus<br><br>- verwendet ein Übermaß an Personal und Ausrüstung aufgrund mangelhaften Projektmanagements |
| 1 | | |

Spezifische Beispiele für das Arbeitsverhalten des beurteilten Kollegen im Hinblick auf diese Leistungsdimension *(bitte eintragen)*:

_____

Numerische Einstufung des beurteilten Kollegen für diese Leistungsdimension
*(bitte zutreffendsten Skalenwert eintragen)*

Beleg A-2.10: Verhaltensbeobachtungsskalen zur Erfassung der Leistungsdimension *Arbeitsplanung und –organisation* (aus: Gerpott 1992, S. 244)

## Arbeitsplanung und –organisation

Der beurteilte Kollege...

1. entwickelte vor Projektbeginn einen Plan, in dem Projektorganisation, -termine, -steuerung und -überwachung festgelegt wurden (d.h. er spezifizierte u.a. die Aufgaben aller am Projekt Beteiligten).

Fast nie     1     2     3     4     5     Fast immer

2. bereitete sich auf Besprechungen vor, z.B. durch Niederschrift einer Tagesordnung oder anzusprechender Diskussionspunkte.

Fast nie     1     2     3     4     5     Fast immer

3. bearbeitete gleichzeitig zwei oder mehrere Arbeitsaufträge effektiv.

Fast nie     1     2     3     4     5     Fast immer

4. versäumte es sicherzustellen, dass Teilaufgaben zufriedenstellend abgeschlossen wurden.

Fast immer     1     2     3     4     5     Fast nie

5. hielt Termine nicht ein oder verschob Termine.

Fast immer     1     2     3     4     5     Fast nie

6. versäumte es, die Hauptziele seiner Stelle zu verfolgen, (da er sich durch nebensächliche Probleme oder persönliche Interessen ablenken ließ).

Fast immer     1     2     3     4     5     Fast nie

7. gab mehr als das zur Zielerreichung erforderliche Geld aus (z.B. unzulängliche Beachtung von Budgetrestriktionen; kein Kostenbewusstsein).

Fast immer     1     2     3     4     5     Fast nie

8. versäumte es, Arbeitsziele und Prioritäten zu erkennen und/oder zu setzen.

Fast immer     1     2     3     4     5     Fast nie

| Punktsumme = |
|---|

---

1 = Fast nie (0-19% der Arbeitszeit); 2 = Selten (20-39% der Arbeitszeit); 3 = Manchmal (40-50% der Arbeitszeit); 4 = Meistens (60-79% der Arbeitszeit); 5 = Fast immer (80-100% der Arbeitszeit). Für negative Verhaltensbeschreibungen kehrt sich die Bedeutung der Skalenstufen einfach um.

## Anhang 3: Systematisches Verbesserungsprogramm der MA-Führung

Bühner (1998) hat – wie schon in seinem 1996-Text, in dem er das Konzept des Total Produktiven Mitarbeiters (TPM) eingeführt hat – auch in seiner pragmatisch-ergebnisorientierten Konzeption zur Analyse und Verbesserung der Mitarbeiterführung konsequent auf die Anwendung von Grundsätzen des Qualitätsmanagements gesetzt. Er präsentiert ein "Systematisches Verbesserungsprogramm", das die beiden Qualitätsmethoden QFD (Qualitäts-Funktionen-Diagramm) und FMEA (Fehlermöglichkeits- und Einfluss-Analyse) nutzt.

Im Mittelpunkt des Planungs- und Kommunikationsinstruments QFD steht eine "Übersetzungmatrix", die Produkt- oder Dienstleistungsmerkmale den Anforderungen des Kunden gegenüberstellt. In die Zeilen der Matrix wird geschrieben, was die KundInnen wollen, in den Spalten stehen die Gestaltungsvarianten oder -ansatzpunkte des fraglichen Produkts.

Bezogen auf Mitarbeiterführung entwirft Bühner eine entsprechende Matrix, die in Tab. A-3.1 vereinfacht wiedergegeben ist. Sie zeigt in der Kopfzeile (*Führungsmerkmale*) die 10 Module der Führung, die Bühner näher untersucht. In der linken Spalte ist das aufgeführt, was die Kunden der Führung (hier: die Unterstellten) von der Führungskraft erwarten (Eine auf die 360°-Systematik erweiterte Perspektive müsste auch die Erwartungen der KollegInnen, der höheren Vorgesetzten und anderer 'KundInnen' erfassen). Schon eine erste Anschauung zeigt, dass Angebote von Führung (Spalten) und Nachfrage nach Führung (Zeilen) extrem vereinfacht werden, wogegen natürlich bei Veränderungsprogrammen nichts zu sagen ist, so lange man sich dieser Reduktion bewusst ist und weiß, was man ausgeblendet hat.

Es fällt auf, dass bei den Führungs-Merkmalen oder -Funktionen Inhalte und Methoden vermischt werden und dass Differenzierungen von Hauptkategorien auf gleicher analytischer Ebene angesetzt werden, obwohl sie bei anderen AutorInnen nicht unterschieden oder als Subkategorien desselben Bereichs gewertet werden. Beispiel: *Kommunikation, Information, Gesprächsführung, Zielvereinbarung* und *Feedback* enthalten allesamt Informationsvermittlung; *Motivation* dürfte kaum ohne Kommunikation vorstellbar sein). Das zeigt, dass Bühners Ansatz kein theoretisches Konzept zu Grunde liegt, sondern dass er Praxisprobleme aufgreift, dabei die Benennungen durch die PraktikerInnen übernimmt und dann durch die Konkretisierungen auf Item-Ebene Akzente setzt. Dass man auch andere Führungsmerkmale erfassen kann (siehe die in Kap. 2.6.2. genannten Praxisbeispiele), würde Bühner nicht bestreiten, weil er explizit die Möglichkeit nennt (S. 18 ff.), das 'Standardprogramm' abzuwandeln.

**Merkmale der Mitarbeiterführung**

| Anforderungen an die Führung | Kommunikation | Information | Kooperation | Zielvereinbarung und -kontrolle | Delegation | Qualifizierung | Gesprächsführung | Feedback | Motivation | Fehlerkultur |
|---|---|---|---|---|---|---|---|---|---|---|
| Beurteilt werden und Feed-back erhalten | + | | | + | | | + | ++ | ++ | ++ |
| motiviert werden | + | | | ++ | + | + | | + | ++ | |
| gehört und beteiligt werden | | | + | + | ++ | | + | | | + |
| Entscheidungsspielr. erhalten | | | + | ++ | ++ | | | | | |
| Situation und Rolle kennen | + | + | | + | + | | + | | + | |
| sich fachlich u. persönlich entwickeln | | | | | + | ++ | | + | + | |
| Wertschätzung erfahren | + | + | + | | + | | + | ++ | | ++ |
| ... | | | | | | | | | | |
| Bewertungszeile | | | | | | | | | | |

+ = Einfluss  ++ = starker Einfluss

Tab. A-3.1: Qualitäts-Funktionen-Diagramm der Mitarbeiterführung (nach Bühner 1998, 10)

Die Fehler-Möglichkeits- und Einfluss-Analyse (FMEA) ist ein systematisches Bewertungsverfahren, das mit drei Kennzahlen (B,W und FPZ) operiert und dazu beitragen soll, die *Dringlichkeit* eines (möglichen oder realen) Problems auf einfache Weise auszudrücken. Die Vorgehensweise ist in der folgenden Tab. A-3.2 illustriert. Unter *Problemfeld* wird eine Art Mängelliste eröffnet: alles, was möglicherweise falsch, unzulänglich oder gar nicht erledigt wird, wird erfasst.

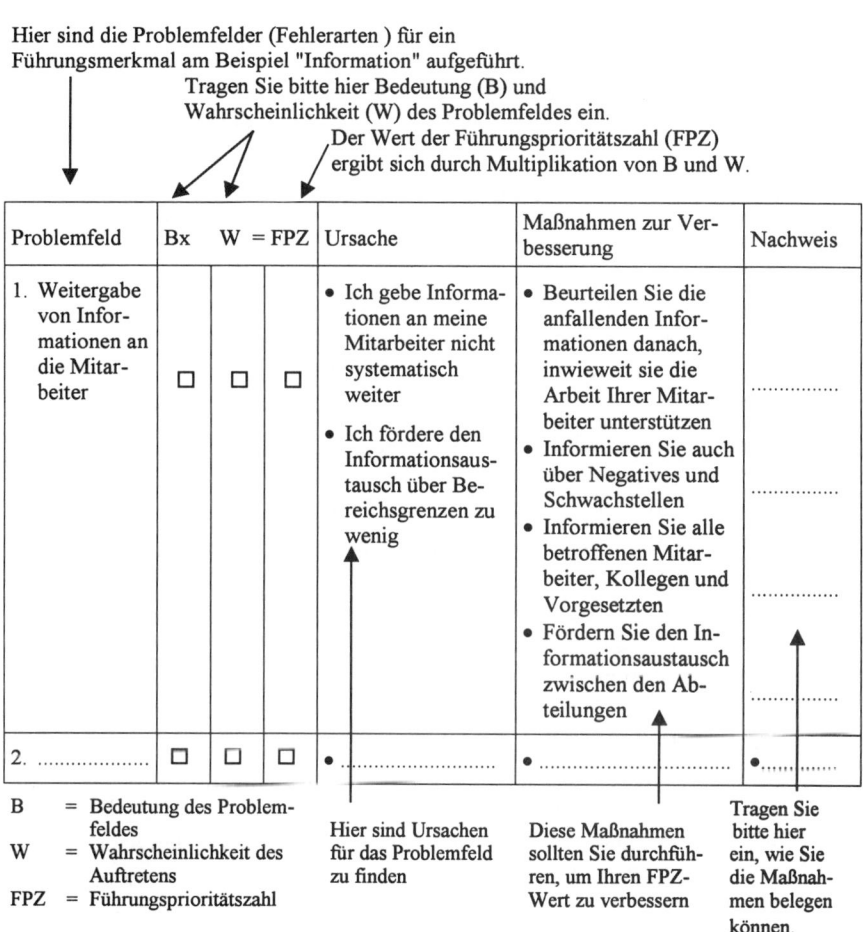

Hier sind die Problemfelder (Fehlerarten ) für ein
Führungsmerkmal am Beispiel "Information" aufgeführt.
Tragen Sie bitte hier Bedeutung (B) und
Wahrscheinlichkeit (W) des Problemfeldes ein.
Der Wert der Führungsprioritätszahl (FPZ)
ergibt sich durch Multiplikation von B und W.

| Problemfeld | B x | W | = FPZ | Ursache | Maßnahmen zur Verbesserung | Nachweis |
|---|---|---|---|---|---|---|
| 1. Weitergabe von Informationen an die Mitarbeiter | □ | □ | □ | • Ich gebe Informationen an meine Mitarbeiter nicht systematisch weiter<br>• Ich fördere den Informationsaustausch über Bereichsgrenzen zu wenig | • Beurteilen Sie die anfallenden Informationen danach, inwieweit sie die Arbeit Ihrer Mitarbeiter unterstützen<br>• Informieren Sie auch über Negatives und Schwachstellen<br>• Informieren Sie alle betroffenen Mitarbeiter, Kollegen und Vorgesetzten<br>• Fördern Sie den Informationsaustausch zwischen den Abteilungen | .............<br><br>.............<br><br>.............<br><br>.............. |
| 2. .................... | □ | □ | □ | • ................. | • ................. | • ........,....... |

| | | | |
|---|---|---|---|
| B | = Bedeutung des Problemfeldes | | |
| W | = Wahrscheinlichkeit des Auftretens | Hier sind Ursachen für das Problemfeld zu finden | Diese Maßnahmen sollten Sie durchführen, um Ihren FPZ-Wert zu verbessern | Tragen Sie bitte hier ein, wie Sie die Maßnahmen belegen können. |
| FPZ | = Führungsprioritätszahl | | |

Tab. A-3.2:  FMEA-Formblatt (nach Bühner 1998, S. 49)

Die Kennzahlen B und W werden jeweils quantitativ (zwischen 1 und 5) eingestuft. B steht für die *Bedeutung* eines Problemfelds (Wie gravierend sind die Konsequenzen, wenn hier ein Fehler gemacht wird?), W bezeichnet die *Wahrscheinlichkeit* (Bekanntheit und Häufigkeit) des Auftretens des Problems. Aus der Multiplikation von B und W entsteht FPZ, die *Führungsprioritätszahl* (die zwischen 1 und 25 schwanken kann und den Handlungsbedarf ausdrückt).

Die FMEA enthält daneben noch in praktischer Gestaltungsabsicht drei weitere Spalten, die für ein 360°-System von besonderem Interesse sind, weil sie über die bloße Beurteilung des Ist-Zustandes hinausgehen: Unter *Ursachen* sind in einer Art Beichtspiegel die Gründe für das Auftreten der Schwierigkeit aufzuführen, bei den *Verbesserungsmaßnahmen* sind konkrete Vorschläge zu machen, wie das Problem abzustellen ist und unter *Nachweis* sind Belege, Verfahren, Messzahlen etc. anzugeben, anhand derer geprüft werden kann, was tatsächlich im einzelnen unternommen wurde und wie erfolgreich es war.

Der Löwenanteil des Buchs von Bühner besteht darin, dass er für jedes der zehn *Führungsmodule* mehr oder weniger detaillierte FMEA-Tabellen (nach dem Muster der Tab. A-3.2) abdruckt. Bühners Ansatz geht damit deutlich über die traditionellen Survey-Feedback-Verfahren hinaus, weil er zusätzlich in programmatischer Akribie sowohl die Aktions-, wie die Controlling-Perspektive konkretisiert.

*Kommentar*: Bühner geht den Weg zu einem im technischen Sinn qualitätsorientierten Feedback-Verfahren weiter als andere (er geht ihn nicht zu Ende, weil er die verfahrenstechnischen und inhaltlichen Schwierigkeiten nicht thematisiert, die bei einem 360°-Ansatz auftauchen, bei dem definitionsgemäß FMEAn aus der Perspektive mehrerer *stakeholders* angefertigt und integriert werden müssten). Die methodologischen Probleme seines Vorgehens sind beträchtlich [Reliabilität der Bestimmung von B und W, Skalenniveau der Kennziffern (Ordinalskalenwerte werden multipliziert!), Auswahl der 'Problemfelder', Abgrenzung der Führungsmerkmale], aber bei seinem pragmatischen Anliegen geht es Bühner gar nicht um solche akademischen Feinheiten, sondern um ein Management-Werkzeug, bei dem der Primat der Tat im Vordergrund steht. Weil man nicht managen kann, was man nicht messen kann (siehe oben, S. 59 f.), müssen eben – in der Tradition der Organizational Behavior Modification (s. Neuberger 1996) – Situationen und 'Antwortverhalten' eindeutig operational definiert und quantifiziert werden. Damit soll die für den sozialen Bereich typische Ambiguität beseitigt werden; er soll nach dem Vorbild technischer Systeme modelliert werden. Das ist möglich, aber es beinhaltet die Risiken der Trivialisierung, die ausführlich im Kontext systemischen Managements diskutiert werden. Bühners Konzeption präsentiert die Reinform eines technisierten Ansatzes, der als diametraler Gegenpol zu einer politischen Sichtweise des Führungsgeschehens aufzufassen ist. Der Nachweis steht aus (der der Logik des Systems entsprechend eigentlich geführt werden müsste), ob ein solch tayloristisches Vorgehen, das sich im technischen Produktionsbereich vielleicht bewähren mag, im Führungsbereich, der durch mehrdeutige, widersprüchliche und variable Anforderungen gekennzeichnet ist, nicht zur Strangulierung von Initiative und Innovation führt. Zwar wird alles(?) in buchhalterischer Pedanterie erfasst, aber die widersprüchlichen Logiken, die hinter dem Buchhaltungssystem stehen und die seine kreative Nutzung und Entwicklung ermöglichen, bleiben unerkannt. Das Bühnersche SVM ("Systematisches Verbesserungsprogramm zur Mitarbeiterführung") ist die Realisierung eines technizistischen Control-Systems, das die Mentalität eines Qualitätshandbuch nach ISO 9000 ff. atmet: für den Anfänger ganz informativ, für den Profi zu bürokratisch. Nimmt man es lockerer (und führt das führungs*politische* Moment wieder ein), dann ist es eine interessante Basis für die Suche nach, Kommunikation und Verhandlung über und Vereinbarung von Lösungen im Führungsbereich. Nicht das sklavisch-zwanghafte buchstabengetreue Befolgen der Prozedur ist produktiv, sondern das Spielen mit ihren *unausgesprochenen* Möglichkeiten.

## Anhang 4: Feedback-Inhalte und Feedback-Prozesse
### Methodologische Anmerkungen

Abb. A- 4.1:
Inhalte des Feedbacks, Kon-
textualisierung, Kausalan-
nahmen, Unterbrechungen
der Kausalkette und Rück-
wirkungen
(Erläuterungen im Text)

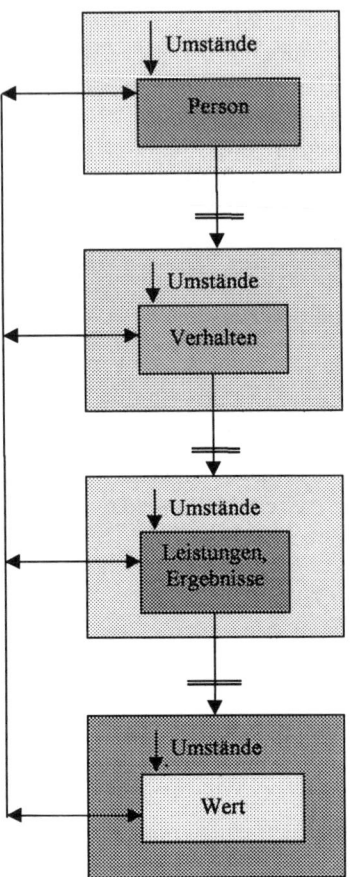

Ähnlich dem 'Entscheidungszyklus' von Cohen, March & Olsen (1972) wird in Abb. A-4.1 davon ausgegangen, dass es eine rekursive Abfolge von Einflussbeziehungen gibt. Die normalerweise unterstellte Kausalrichtung ist: die *Person* zeigt (aufgrund ihrer Fähigkeiten, Motive, Einstellungen, Kalküle etc.) ein bestimmtes *Verhalten* (z.B. hoher Arbeitseinsatz, selektive Information, umfassende Delegation usw.), das auf die Personmerkmale zurückgeführt wird. Aufgrund ihres Handelns werden *Resultate* bewirkt (z.B. Produkte und Leistungen, Qualität, Fehlzeiten, Umsätze). Diesen Ergebnissen wird in erwerbswirtschaftlichen Organisationen *Wert* zugemessen (im Regelfall anhand finanzieller Bezugsgrößen, es können aber auch moralische, soziale oder subjektive Maßstäbe angelegt werden).

Diese Abfolge ist in zwei Hinsichten zu relativieren: Zum einen ist der Prozess auf einer Zeitachse zu sehen: Eigenschaften, Handlungen, Resultate und Bewertungen sind Inputs für nachfolgende Prozesse bzw. Zustände und beeinflussen sie (symbolisiert durch die Pfeile im Schema). Das Ergebnis 'Zielerreichung' kann z.B. das Selbstvertrauen einer Person steigern, bestimmte Handlungsroutinen einschleifen, zu anspruchsvolleren Leistungszielsetzungen oder -vorgaben in der nächsten Periode führen usw.

Zum anderen kann die Kausalkette unterbrochen sein (symbolisiert durch die mit = durchgestrichenen Kausalpfeile): bestimmte Handlungen lassen sich nicht (eindeutig, linear) auf die Person zurückführen, sondern sind durch situative Umstände erzwungen, Ergebnisse sind der technischen Ausstattung oder der Organisation der Abläufe zuzuschreiben und nicht personalem Handeln, der Wert von Leistungen ist abhängig von Nachfrage- und Konkurrenzssituation (und nicht der investierten Arbeitsleistung äquivalent). Um dem Rechnung zu tragen, ist in der Abb. A-4.1 jede Prozessstufe 'eingerahmt' durch die *Umstände*, unter denen sie abläuft oder existiert. Damit soll einer entkontextualisierten Betrachtungsweise vorgebeugt werden, die sich jeweils auf eine Einflussgröße fokussiert und außer Acht lässt, dass Person, Handeln, Ergebnisse und Werte jeweils Ko-Produktionen von Person *und* Situation ('Umständen') sind. Würde man z.B. begünstigende und benachteiligende Bedingungen ausblenden und im Feedback (Miss-)Erfolge allein dem Einsatz oder der Fähigkeitsausstattung der Person zurechnen, würde einem der 'fundamentale Attributionsfehler' unterlaufen, als Beobachter personal (und nicht auch situativ) zu attribuieren.

Diese Differenzierungen sind wichtig, wenn man sich klar werden will über die Maßnahmen, die in Folge des Feedbacks ergriffen werden sollen. Zielt die Beurteilung auf die *Person*, dann werden Interpretation von Eigenschaften, Fähigkeiten, Motiven etc. vorgenommen, wie sie typisch für die sog. eigenschaftsorientierte Beurteilung sind. Die (un-)ausgesprochene Konsequenz: die Person muss *sich* ändern (oder ihre Position räumen); die Erfahrung hat gezeigt, dass es relativ aufwändig und ergebnisunsicher ist zu versuchen, Fähigkeiten, Bedürfnisse, Temperament, Glaubenssätze usw. zu verändern. Steht im Feedback das *Verhalten* im Mittelpunkt, muss dieses umgestellt, verbessert, verstärkt, beibehalten, trainiert werden: dem Feedback müssten konsequente direktive Eingriffe und/oder maßgeschneiderte Personalentwicklungsmaßnahmen folgen. Werden im Feedback objektive *Leistungsdaten* zurückgemeldet, interessieren primär diese Ziele oder Endzustände, nicht aber der Weg zu ihnen: was immer die Ergebnisse verbessert, ist okay. Schließlich kann das Feedback noch abstrakter ansetzen, indem es sich aggregierter *Wert*-Kennziffern (wie ROI, Deckungsbeitrag, leistungsmengenneutrale Kosten etc.) bedient. Prozesse so abzugrenzen, dass eine eindeutige Ergebnisverantwortung (auch für monetär bewertete Ergebnisse) resultiert, ist ein Versuch, diese Zielsetzung zu realisieren.

Letztlich geht es dem (Top-)Management um Wertschöpfung oder -steigerung. Der Nutzen eines 360°-Feedbacks muss sich aus Management-Perspektive daran messen lassen, ob und wie es dieses Ziel erreicht. Wie schon ausgeführt, wird dieser Nachweis praktisch nie geführt. Stattdessen werden vorgelagerte Kriterien benutzt: ob die Führungskräfte angeben, wertvolle Hinweise bekommen zu haben, ob sich ihre KundInnen besser verstanden und berücksichtigt fühlen, ob sich nach dem Feedback die Häufigkeit bestimmter Verhaltensweise geändert hat, ob bestimmte Leistungs-Ziele besser erreicht wurden usw. Dabei wird regelmäßig sichtbar, dass es angesichts der systemischen Vernetzung des Prozesse außerordentlich schwierig ist (und allzu leicht in Trivialisierung mündet), eindeutige Kausalbeziehungen zu konstruieren.

Dennoch haben alle, die Beurteilungs- oder Feedbackverfahren einsetzen, zumindest implizite Theorien über ihre Wirkungsweise und die Bedingungen, von denen ihr Erfolg abhängt. Feedbackmodelle (wie z.B. das von Farr 1991, London & Smither 1995, Kluger & DeNisi 1996), Zielsetzungsmodelle (z.B. Kleinbeck 1991, Bartscher & Wittkuhn 1999), Leistungsmodelle [wie etwa das Grundmodell der Valence-Instrumentality-Expectancy-Ansätze (Vroom 1964, Campbell & Pritchard 1976)] bilden dieses Zusammenwirken verschiedener Einflüsse und Prozessbedingungen ab. Diese Funktion soll auch die Skizze erfüllen, die in Abb. A-4.2 ausgeführt ist.

Die Abb. A-4.2 ist orientiert an der Leitfrage: Wovon hängt es ab, was die beurteilte Person mit dem Feedback anfangen kann? Die Abbildung fungiert zugleich auch als eine Art Prüfliste, mit deren Hilfe das Feedback-Verfahren analysiert und gestaltet werden kann. Es wird (Kasten 1) von der Vorentscheidung ausgegangen, dass eine *Zielperson* (die Adressatin des nachfolgenden Feedbacks ist) Träger relevanter Merkmale oder Urheber von Verhaltensweisen und Leistungen ist; es handelt sich von allem Anfang also nicht um eine Material-, Technik- oder Organisationsanalyse. Deswegen werden auf *Personen* zurechenbare Inhalte (Eigenschaften, Verhalten, Ergebnisse, Wertschöpfung) thematisiert, die – und das steht bei (2) im Mittelpunkt – auf dem Hintergrund expliziter oder impliziter *Erwartungen* (Ziele, Vorgaben) bewertet werden. Um das Feedback würdigen zu können, muss man wissen und offenlegen, welche Bezugsgrößen genutzt werden: Wird die personale Ist-Situation gemessen z.B. am Ideal reibungsloser Kooperation, effizienter Produktion, harmonischer Beziehungen, aktiven Wandels, maximaler Verwertung, moralischer Integrität, Menschlichkeit? Die Zielperson wird des weiteren (3) mit Fremdurteilen konfrontiert, die auf *systematische Weise* (formalisiert, schriftlich, standardisiert etc.) erhoben werden; von besonderer Bedeutung sind deshalb die eingesetzte Methode, die befragten BeurteilerInnen, die organisatorische Einbettung, Gewicht und Stellenwert des Verfahrens etc. Wenn Inhalt, Kriterien und Methode des Feedbacks geklärt sind, kann es tatsächlich durchgeführt werden: Die beurteilte Person wird mit der *Rückmeldung* konfrontiert (4): Was kann eine Person mit einem Feedback anfangen, das abstrakt, verletzend, affektiv, undifferenziert, punktuell, isoliert, widersprüchlich, mehrdeutig, überholt und lückenhaft ist? Wohl kaum eine Person wird die Rückmeldungen für bare Münze nehmen; vielmehr setzt nun (5) ein *Interpretationsprozess* ein, in dem die UrheberInnen des Feedbacks analysiert werden (Sind die Urteilenden kompetent? Welche Motive verfolgen sie? Sind sie aufrichtig? Welchen Lagern oder Interessengruppen gehören sie an?). Es ist evident, dass man die Aussage einer Person, der man Rachemotive und Unfähigkeit unterstellt, ganz anders bewerten wird als diejenige einer Person, die man als fähig, uneigennützig und hilfsbereit kennengelernt hat. Die letzten beiden Problembereiche (6 u. 7) beziehen sich auf die Konsequenzen des Feedbacks. Dabei sind zum einen die *proklamierten Wirkungen* (6) zu beachten, wie z.B. realistischere Selbst- oder Situationswahrnehmung, Kennenlernen der Rollenerwartungen, gezielte Verhaltensänderung, verstärkte Kundenorientierung, systematische organisationale Unterstützung usw. Aber auch *unintendierte Effekte* (7) spielen bei einer Gesamtwürdigung eine wichtige Rolle (Verunsicherung der beurteilten Person, Veränderungen im Beziehungsnetz, Forcierung strategischer Kommunikation (impression management, Intensivierung der Selbstdarstellung). Das Verfahren kann von verschiedenen stakeholders und Beteiligten für eigene Zwecke instrumentalisiert werden, um mit seiner Hilfe eigene Interessen besser durchsetzen zu können [Etablierung eines von einer Zentrale kontrollierten Informations- und Überwachungssystems, Abwälzung von Verantwortung auf Sündenböcke (personale statt strukturelle Konsequenzen ziehen), Bildung von Beurteilungskartellen (sich gegenseitig nichts antun), Aktionismus der Personalabteilung, einträgliches Geschäftsfeld für VerfahrensanbieterInnen, ModeratorInnen, BeraterInnen; Frustration der Beurteilenden und Beurteilten, weil danach nichts (oder völlig Unerwartetes) geschieht oder weil die Zusage von Anonymität und Vertraulichkeit nicht eingehalten wurde].

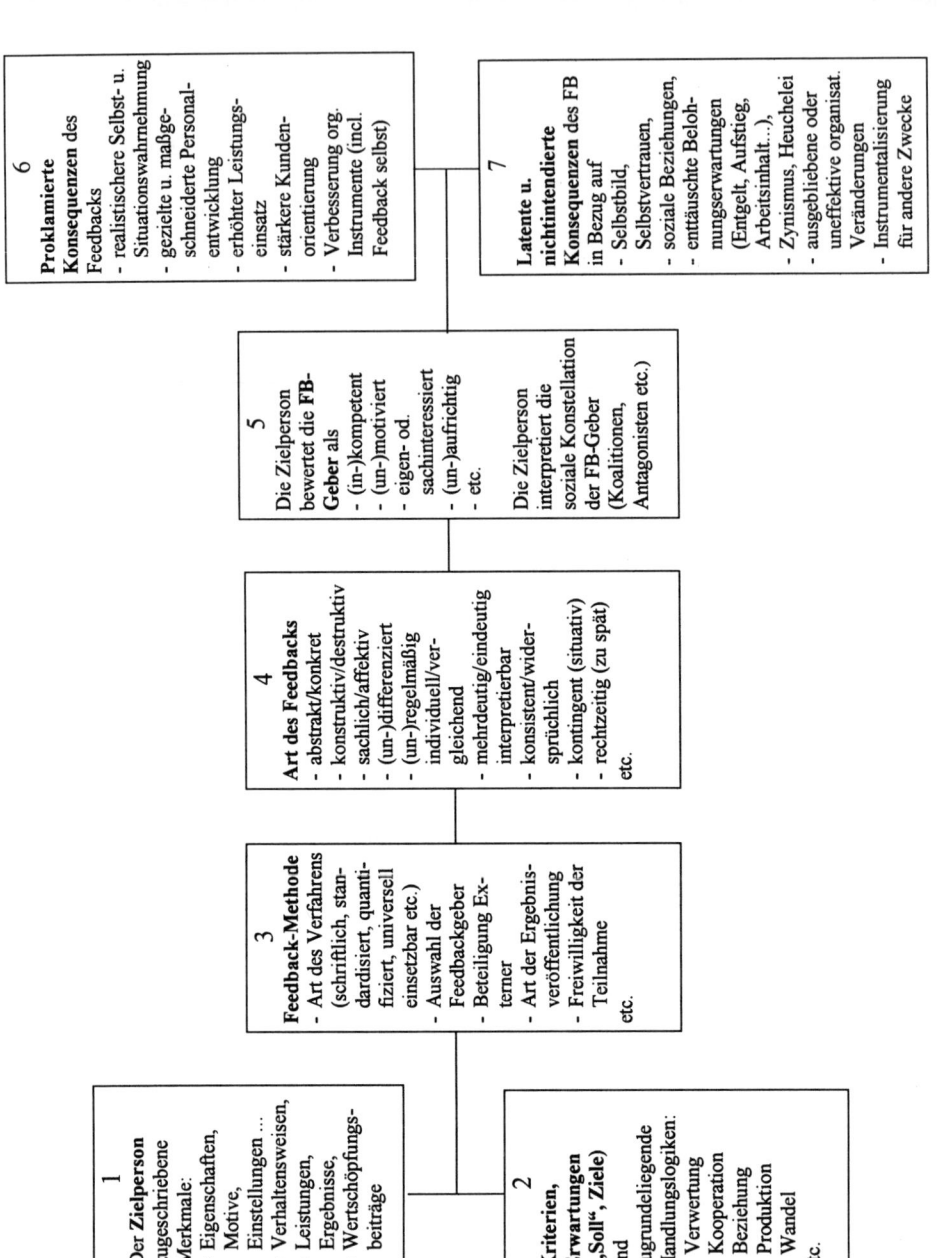

**6**

**Proklamierte Konsequenzen des Feedbacks**
- realistischere Selbst- u. Situationswahrnehmung
- gezielte u. maßgeschneidete Personalentwicklung
- erhöhter Leistungseinsatz
- stärkere Kundenorientierung
- Verbesserung org. Instrumente (incl. Feedback selbst)

**7**

**Latente u. nichtintendierte Konsequenzen** des FB in Bezug auf
- Selbstbild,
- Selbstvertrauen,
- soziale Beziehungen,
- enttäuschte Belohnungserwartungen (Entgelt, Aufstieg, Arbeitsinhalt...),
- Zynismus, Heuchelei
- ausgebliebene oder uneffektive organisat. Veränderungen
- Instrumentalisierung für andere Zwecke

**5**

Die Zielperson bewertet die **FB-Geber** als
- (in-)kompetent
- (un-)motiviert
- eigen- od. sachinteressiert
- (un-)aufrichtig
- etc.

Die Zielperson interpretiert die soziale Konstellation der FB-Geber (Koalitionen, Antagonisten etc.)

**4**

**Art des Feedbacks**
- abstrakt/konkret
- konstruktiv/destruktiv
- sachlich/affektiv
- (un-)differenziert
- (un-)regelmäßig
- individuell/vergleichend
- mehrdeutig/eindeutig interpretierbar
- konsistent/widersprüchlich
- kontingent (situativ)
- rechtzeitig (zu spät)
etc.

**3**

**Feedback-Methode**
- Art des Verfahrens (schriftlich, standardisiert, quantifiziert, universell einsetzbar etc.)
- Auswahl der Feedbackgeber
- Beteiligung Externer
- Art der Ergebnisveröffentlichung
- Freiwilligkeit der Teilnahme
etc.

**1**

Der **Zielperson** zugeschriebene Merkmale:
- Eigenschaften, Motive, Einstellungen ...
- Verhaltensweisen,
- Leistungen,
- Ergebnisse,
- Wertschöpfungsbeiträge

**2**

**Kriterien, Erwartungen („Soll", Ziele)** und zugrundeliegende Handlungslogiken:
- Verwertung
- Kooperation
- Beziehung
- Produktion
- Wandel
etc.

Abb. A-4.2:  Merkmale des Feedbackprozesses. Ergebnisrelevante Optionen und Ansatzpunkte für Gestaltungsmaßnahmen

Fazit: Will man mit der Einführung eines 360°-Feedback-Verfahrens nicht nur eine Mode mitmachen, sondern bestimmte(!) Ergebnisse erzielen, kommt man nicht umhin, die eigenen Annahmen über die Wirkungsweise und die Wirkungsbedingungen zu explizieren, um sie prüfen zu können. Dabei darf man sich nicht nur auf die offiziell genannten Funktionen beschränken, sondern muss auch an die nicht thematisierten oder unbeabsichtigten Wirkungen denken, die ein solches System – abhängig von seiner konkreten Ausgestaltung – haben kann. Tut man das nicht und inszeniert das System in einer Art 'Schaun mer mal'-Haltung, darf man sich nicht wundern, wenn man erfährt, dass das 360°-Feedback in der Tat ein 'ergebnisoffenes' Verfahren ist und einige Überraschungen und Enttäuschungen bereit hält.

# 7. Literaturverzeichnis

*Vorbemerkung:*

*Im folgenden Literaturverzeichnis sind neben den Quellen, die im Text zitiert oder erwähnt wurden, auch einige weitere Literaturangaben enthalten, die für LeserInnen, die sich mit der Thematik des 360°-Feedbacks beschäftigen wollen, interessant sind. Im AutorInnen- und Sachindex sind diese zusätzlichen Arbeiten nicht erwähnt.*

Ahlemeyer, Heinrich & Grimm, Holger (1998): Die Organisation im Spiegel ihrer Mitglieder. Funktionen und Ablauf partizipativer Mitarbeiterbefragungen. Organisationsentwicklung, 52-64

Allerbeck, Mechthild (1977): Ausgewählte Probleme der Führungsforschung. Eine empirische Studie. Dissertation. München

Antonioni, David (1994): The Effects of Feedback Accountability on 360-Degree Appraisal Ratings. Personnel Psychology 47, 375-390

Antonioni, David (1996): Designing an Effective 360-Degree Appraisal Feedback Process. Organizational Dynamics, Autumn, 24-38

Bartscher, Thomas & Wittkuhn, Klaus (1999): Leistungsmessung mit Improving Performance. Personalwirtschaft (10), 20-26

Becker, Fred G. & Fallgatter, Michael J. (1998): Betriebliche Leistungsbeurteilung: Lohnt die Lektüre der Fachbücher? Die Betriebswirtschaft 58 (2), 225-241

Becker, Fred G. (1992/1998): Grundlagen betrieblicher Leistungsbeurteilungen. Leistungsverständnis und -prinzip, Beurteilungsproblematik und Verfahrensprobleme. Stuttgart (Schäffer-Poeschel)

Bihl, Gerhard (1995): Werteorientierte Personalarbeit. München (Beck'sche Verlagsbuchhandlung)

Binder, Wolfgang & Weider, Petra C. (1998): Management Audit auf der Basis eines 360°-Feedback. Personalwirtschaft (4), 20-29

Bögel, Rudolf & von Rosenstiel, Lutz: Die Entwicklung eines Instruments zur Mitarbeiterbefragung: Konzept, Bestimmung der Inhalte und Operationalisierung. In: Bungard, W. & Jöns, I. (Hrsg.) (1997): Mitarbeiterbefragung. Ein Instrument des Innovations- und Qualitätsmanagements. Weinheim (Beltz/PsychologieVerlagsUnion), 84-96

Borg, Ingwer (1995): Mitarbeiterbefragung. Strategisches Auftau- und Einbindungsmanagement. Göttingen (Angewandte Psychologie)

Borg, Ingwer (1997): Mitarbeiterbefragungen im Rahmen des Auftau- und Einbindungsmanagement-Programms (AEMP): Entwicklungen und Erfahrungen. In: Bungard, W. & Jöns, I. (Hrsg.) (1997): Mitarbeiterbefragung. Ein Instrument des Innovations- und Qualitätsmanagements. Weinheim (Beltz/PsychologieVerlagsUnion), 59-73

Borg, Ingwer (1999): Führungsinstrument Mitarbeiterbefragungen. Theorien, Tools und Praxiserfahrungen. Stuttgart (VAP)

Bracken, D.W. (1996): Multisource (360-degree) Feedback: Surveys for Individual and Organizational Development. In: Kraut, A.I. (Hrsg.): Organizational Surveys. Tools for Assessment and Change. San Francisco (Jossey-Bass), 117-143

Breisig, Thomas (1998): Personalbeurteilung – Mitarbeitergespräch – Zielvereinbarungen. Grundlagen, Gestaltungsmöglichkeiten und Umsetzung in Betriebs- und Dienstvereinbarungen. Frankfurt (Bund)

Brinkmann, Ralf D. (1998): Vorgesetzten-Feedback. Rückmeldungen zum Führungsverhalten. Heidelberg (Sauer)

Brunsson, Nils (1989): The Organization of Hypocrisy. Talk, Decisions and Actions in Organizations. Chichester.

Bühner, Rolf (1996): Mitarbeiter mit Kennzahlen führen. Landsberg (moderne industrie)

Bühner, Rolf (1998): Mitarbeiterführung als Qualitätsfaktor. Führungsverhalten systematisch bewerten und verbessern. München u. Wien (Hanser)

Bungard, Walter & Jöns, Ingela (Hrsg.) (1997): Mitarbeiterbefragung. Ein Instrument des Innovations- und Qualitätsmanagements. Weinheim (Beltz/PsychologieVerlagsUnion)

Bungard, Walter, Jöns, Ingela & Schultz-Gambard, Jürgen: Sünden bei Mitarbeiterbefragungen – Zusammenfassung der wichtigsten Fehler und Fallgruben. In: Bungard, W. & Jöns, I. (Hrsg.) (1997): Mitarbeiterbefragung. Ein Instrument des Innovations- und Qualitätsmanagements. Weinheim (Beltz/PsychologieVerlagsUnion), 441-455

Campbell, J.P. & Pritchard, Robert D. (1976): Motivation Theory in Industrial and Organizational Psychology. In: Dunnette, M. (Ed.): Handbook of Industrial and Organizational Psychology. Chicago (Rand McNally), 63-130

Cascio, Wayne F. (1996): Contradictions in Human Resource Management. In: Gutschelhofer, A. & Scheff, J. (Hrsg.): Paradoxes Management. Wien (Linde), 280-295

Comelli, Gerhard (1997): Mitarbeiterbefragungen und Organisationsentwicklungsprozesse. In: Bungard, W. & Jöns, I. (Hrsg.) (1997): Mitarbeiterbefragung. Ein Instrument des Innovations- und Qualitätsmanagements. Weinheim (Beltz/PsychologieVerlagsUnion), 32-58

Crisand, Ekkehard & Stephan, P. (1994): Personalbeurteilungssysteme. Ziele, Instrumente, Gestaltung. Heidelberg (Sauer)

Crozier, Michel & Friedberg, Erhard (1979): Macht und Organisation. Die Zwänge kollektiven Handelns. Königstein (Athenäum)

Daumenlang, Konrad & Handwerker, Franz (1995): Methodische Probleme bei der Vorgesetztenbeurteilung mit Fragebogen. In: Hofmann, K., Köhler, F. & Steinhoff, V. (Hrsg.) (1995): Vorgesetztenbeurteilung in der Praxis. Konzepte, Analysen, Erfahrungen. Weinheim (Beltz/PsychologieVerlagsUnion), 111-120

DeNisi, Angelo S., Cafferty, T. P. & Meligno, B. M. (1984): A Cognitive View of the Performance Appraisal Process. A Model and some Research Propositions. Organizational Behavior and Human Performance 33 (3), 360-396

Domsch, Michel & Ladwig, Desiree (1995): In: Hofmann, K., Köhler, F. & Steinhoff, V. (Hrsg.): Vorgesetztenbeurteilung in der Praxis. Konzepte, Analysen, Erfahrungen. Weinheim (Beltz/PsychologieVerlagsUnion), 23-35

Domsch, Michel & Schneble, Andrea (Hrsg.) (1991): Mitarbeiterbefragungen. Heidelberg (Physica)

Domsch, Michel (1992): Vorgesetztenbeurteilung – ein Weg zur Teamentwicklung. Io Management Zeitschrift 61 (5), 62-66

Domsch, Michel (1999): Vorgesetztenbeurteilung. In: v. Rosenstiel, L., Regnet, E. & Domsch M. (Hrsg.): Führung von Mitarbeitern. Handbuch für erfolgreiches Personalmanagement. Stuttgart (Schäffer-Poeschel), 491-502

Donat, Michael (1991): Selbstbeurteilung. In: Schuler, H. (Hrsg.): Beurteilung und Förderung beruflicher Leistung. Beiträge zur Organisationspsychologie, Bd. 4, Stuttgart (Angewandte Psychologie), 135-146

Edwards, M. & Ewen, A. (1996): 360 Degree Feedback. New York (Amacom)

Fallgatter, Michael J. (1998): Konzept einer zielorientierten Leistungsbeurteilung. Zeitschrift Führung + Organisation (2), 79-84

Farr, James (1991): Leistungsfeedback und Arbeitsverhalten. In: Schuler, Heinz (Hrsg.): Beurteilung und Förderung beruflicher Leistung. Stuttgart (Verlag für Angewandte Psychologie), 57-80

Feldman, Jack (1985): Jenseits der Attributionstheorie. Kognitive Prozesse in der Personalbeurteilung. In: Hampp, R. & Hilgenfeld, Ch. (Hrsg.) (1985): Beurteilungspersonal. Perspektivenwechsel in der Personalbeurteilung. Großhesselohe (Hampp), 45-90

Foucault, Michel (1976): Überwachen und Strafen., Die Geburt des Gefängnisses. Frankfurt (Suhrkamp)

Freimuth, Joachim & Kiefer, B.-U. (Hrsg.): (1995): Geschäftsberichte von unten. Konzepte für Mitarbeiterbefragungen. Göttingen (Angewandte Psychologie)

Garavan, T.N., Morley, M. & Flynn, M. (1997): 360 Degree Feedback: Its Role in Employee Development, Journal of Management Development 16, 134-147

Gerpott, Torsten (1985): Training von Beurteilern zur Verbesserung von Leistungsbeurteilungsprozessen in Organisationen. Eine Bestandsaufnahme der empirischen Forschung. Psychologie & Praxis – Zeitschrift für Arbeits- und Organisationspsychologie, 29, 116-127

Gerpott, Torsten (1992): Gleichgestelltenbeurteilung: Eine Erweiterung traditioneller Personalbeurteilungsansätze in Unternehmen. In: Selbach, Ralf & Pullig, Karl-Klaus (Hrsg.) (1992): Handbuch Mitarbeiterbeurteilung. Wiesbaden (Gabler), 211-254

Grunwald, Wolfgang (1995): Über die Grenzen unternehmensinterner Öffentlichkeit. Zeitschrift Führung + Organisation (2), 95-99

Günther, Stefan (1995): Vorgehensvorschlag für eine moderierte Workshopsequenz: Feedback zum Vorgesetztenverhalten. In: Hofmann, K., Köhler, F. & Steinhoff, V. (Hrsg.): Vorgesetztenbeurteilung in der Praxis. Konzepte, Analysen, Erfahrungen. Weinheim (Beltz/PsychologieVerlagsUnion), 195-204

Hampp, Rainer (1985): Perspektivenwechsel in der Personalbeurteilungsforschung. In: Hampp, R. & Hilgenfeld, Ch. (Hrsg.) (1985): Beurteilungspersonal. Perspektivenwechsel in der Personalbeurteilung. Großhesselohe (Hampp), 7-21

Hampp, Rainer & Hilgenfeld, Christoph (Hrsg.) (1985): Beurteilungspersonal. Perspektivenwechsel in der Personalbeurteilung. Großhesselohe (Hampp)

Harris, M. M. & Schaubroeck, J. (1988): A Meta-Analysis of Self-Supervisor, Self-Peer, and Peer-Supervisor ratings. Personnel Psychology 41, 43-62

Harss, Claudia, Maier, Karin & Weill, Peter (1999): Empfehlungen für ein 360°-Feedback. Personalwirtschaft (9), 85-87

Hazucha, Joy F., Hezlett, Sarah A. & Schneider Robert J. (1993): The Impact of 360-Degree Feedback on Management Skills Development. Human Resource Management 32 (2&3), 325-351

Herbst, Angelika & Heimbrock Klaus Jürgen (1995): Führungskräfte im Spiegelbild ihrer Mitarbeiter. Personalwirtschaft (12), 1068-1075

Heyde, Gerd (1997): Feedback für Führungskräfte. Personalwirtschaft, 11, 28-32

Hilgenfeld, Christoph (1985): Kontrolle ist gut – Vertrauen ist besser. Das Ende der traditionellen Personalbeurteilungsforschung. In: Hampp, R. & Hilgenfeld, Ch. (Hrsg.) (1985): Beurteilungspersonal. Perspektivenwechsel in der Personalbeurteilung. Großhesselohe (Hampp), 119-152

Hofmann, Karsten, Köhler, Friedhelm & Steinhoff, Viktoria (Hrsg.) (1995): Vorgesetztenbeurteilung in der Praxis. Konzepte, Analysen, Erfahrungen. Weinheim (Beltz/PsychologieVerlagsUnion)

Hofmann, Karsten, Schönsee, Ralf, Blandford, Anja & Köhler, Friedhelm (1995): Ergebnisse einer Evaluation der verschiedenen Phasen der VGB. In: Hofmann, K., Köhler, F. & Steinhoff, V. (Hrsg.) (1995): Vorgesetztenbeurteilung in der Praxis. Konzepte, Analysen, Erfahrungen. Weinheim (Beltz/PsychologieVerlagsUnion), 97-109

Hunt, John W. (1995): Das 360°-Feedback – Neue Instrumente zur Kaderbeurteilung. gdi impuls (3), 40-53

Iseke, Rolf-Dieter (1991): Befragung von Mitarbeitern als Bestandteil der Personalentwicklungsmaßnahmen bei der HAMBURG-MANNHEIMER. In: Domsch, M. & Schneble, A. (Hrsg.): Mitarbeiterbefragungen. Heidelberg (Physica) 83-94

Jarmai, Heinz (1997): Die Rolle externer Berater im Change Management. In: Reiß, M., Rosenstiel, L. v., Lanz, A. (Hrsg.): Change Management-Programme, Projekte und Prozesse. Stuttgart (Schäffer-Poeschel), 171-185

Jeserich, Wolfgang & Fennekels, G. (1988): Führungsstilanalyse (FSA). Ein Instrument zur Verbesserung der Führungsleistung des Vorgesetzten. Bergisch Gladbach (Institut für Andragogik)

Jochum, Eduard (1987): Gleichgestelltenbeurteilung. Führungsinstrument in der industriellen Forschung und Entwicklung. Stuttgart (Schäffer-Poeschel)

Jochum, Eduard (1991): Gleichgestelltenbeurteilung – ein Instrument der Personalführung und Teamentwicklung. In: Schuler, Heinz (Hrsg.): Beurteilung und Förderung beruflicher Leistung. Stuttgart (Verlag für Angewandte Psychologie), 107-134

Jöns, Ingela (1995): Entwicklung der Beurteilungsinstrumente. In: Hofmann, K., Köhler, F. & Steinhoff, V. (Hrsg.): Vorgesetztenbeurteilung in der Praxis. Konzepte, Analysen, Erfahrungen. Weinheim (Beltz/PsychologieVerlagsUnion), 37-55

Jöns, Ingela (1997): Formen und Funktionen von Mitarbeiterbefragungen. In: Bungard, W. & Jöns, I. (Hrsg.) (1997): Mitarbeiterbefragung. Ein Instrument des Innovations- und Qualitätsmanagements. Weinheim (Beltz/PsychologieVerlagsUnion), 15-31

Kaplan, Robert E. (1993): 360-Degree Feedback PLUS: Boosting the Power of Co-Worker Ratings for Executives. Human Resource Management 32 (2&3), 299-314

Kaul, Christine & Geßner, Andreas (1998): 360-Grad-Feedback und Coaching für das Top Management. Personalführung (2), 42-45

Kluger, Avraham N. & DeNisi, Angelo (1996): The Effects of Feedback Interventions on Performance: A Historical Review, a Meta-Analysis, and a Preliminary Feedback Intervention Theory. Psychological Bulletin 119 (2), 254-284

Köhler, Friedhelm (1995): In: Hofmann, K., Köhler, F. & Steinhoff, V. (Hrsg.): Vorgesetztenbeurteilung in der Praxis. Konzepte, Analysen, Erfahrungen. Weinheim (Beltz/-PsychologieVerlagsUnion), 177-181

Kreyenberg, Jutta (1995): Unterstützende Maßnahmen zur Prozessbegleitung. In: Hofmann, K., Köhler, F. & Steinhoff, V. (Hrsg.) (1995): Vorgesetztenbeurteilung in der Praxis. Konzepte, Analysen, Erfahrungen. Weinheim (Beltz/PsychologieVerlagsUnion), 87-94

Ladwig, Desiree & Domsch, Michel (1997): Mitarbeiterbefragungen als Instrument eines 'Culture Change' im Unternehmen. In: Bungard, W. & Jöns, I. (Hrsg.) (1997): Mitarbeiterbefragung. Ein Instrument des Innovations- und Qualitätsmanagements. Weinheim (Beltz/PsychologieVerlagsUnion), 74-83

Landy, Frank & Farr, J. L. (1983): The Measurement of Work Performance. Methods, Theory and Applications. San Diego (Aacademic Press)

Larson, R. (1984): The Performance Feedback Process. A Preliminary Model. Organizational Behavior and Human Performance, 33, 42-76

Lattmann, Charles (1994): Die Leistungsbeurteilung als Führungsmittel. Heidelberg (Physica)

Leendertse, Julia (1999): Starker Tobak. Mitarbeiterbeurteilung. Wirtschaftswoche (38) (16.9.99), 190-194

Lepsinger, Richard & Lucia, Antoinette D. (1997): The Art and Science of 360°-Feedback. San Francisco (Jossey-Bass/Pfeiffer)

Liebel, Hermann J. & Oechsler, Walter (1992): Personalbeurteilung. Neue Wege zur Bewertung von Leistung, Verhalten und Potential. Wiesbaden (Gabler)

Lombardo, M. & McCauley, C.D. (1996): Benchmarks. Fragebogen zur Beurteilung von Führungskräften. Frankfurt (Swets Test Services)

London, M. & Beatty, R.W. (1993): 360-Degree-Feedback as a Competitive Advantage. Human Ressource Management 32, 353-372

London, M. & Smither, J.W. (1995): Can Multisource Feedback Change Perceptions of Goal Accomplishment, Self-Evaluations, and Performance-Related Outcomes. Theory-based Applications and Directions for Research. Personnel Psychology 48, 803-839

Longenecker, Clinton O. & Gioia, Dennis A. (1992): The Executive Appraisal Paradox. Academy of Management Executive 6 (2), 18-28

Longenecker, Clinton O., Sims, Henry P. & Gioia, Dennis A. (1987): Behind the Mask: The Politics of Employee Appraisal. Academy of Management Executive 1 (3), 183-193

Lorson, Heiko N. (1996): Mikropolitik und Leistungsbeurteilung. Bergisch Gladbach u. Köln (Eul)

Ludwig, Helmut (1994): Vorgesetztenbeurteilung von unten nach oben. Ein personalpolitisches Instrument bei der Esso AG. Personalführung (7), 650-657

Maukisch, Hermann, Schmidt, Petra & Strunz, Christoph (1991): Selbst- und Fremdbeurteilung im Assessment-Center. In: Schuler, H. (Hrsg.): Beurteilung und Förderung beruflicher Leistung. Stuttgart (Verlag für Angewandte Psychologie), 147-169

Nachreiner, Friedhelm (1978): Die Messung des Führungsverhaltens. Bern (Hans Huber) (als unveröffentlichte Dissertation 1974 erschienen)

Nadler, David (1977): Feedback and Organization Development. Using Data-Based Methods. Reading (Mass.) (Addison-Wesley)

Nagel, Reinhard; Oswald, Margit; Wimmer, Rudolf (1999): Das Mitarbeitergespräch als Führungsinstrument. Stuttgart (Klett-Cotta)

Neuberger, Oswald (1981a): Rituelle (Selbst-)Täuschung. Kritik der irrationalen Praxis der Personalbeurteilung. Die Betriebswirtschaft 40 (1), 27-43

Neuberger, Oswald (1981b): Was haben Beurteilungssysteme bis heute gebracht? Eine kritische Bestandsaufnahme. In: Schäkel, U. & Thiede, J. D. (Hrsg.): Elemente der Personalentwicklung in der Diskussion. Düsseldorf (Werner), 3-40

Neuberger, Oswald (1994): Zur Ästhetisierung des Managements. In: Schreyögg, G. & Conrad, P. (Hrsg.): Managementforschung 4. Dramaturgie des Managements. Laterale Steuerung. Berlin (de Gruyter), 1-70

Neuberger, Oswald (1996): Führen und geführt werden. Stuttgart (Enke)

Neuberger, Oswald (1997): Mitarbeiterbefragungen als symbolische Politik. In: Bungard, W. & Jöns, I. (Hrsg.) (1997): Mitarbeiterbefragung. Ein Instrument des Innovations- und Qualitätsmanagements. Weinheim (Beltz/PsychologieVerlagsUnion), 423-434

Neuberger, Oswald (1998): 360°-Feedback: Ein starkes Stück. Manager Magazin (12), 310, 313

Nothnagel, Anette (1998): Mitarbeiter beurteilen ihre Vorgesetzten. Harvard Business Manager (1), 97-106

Ortmann, Günther (1995): Heuchelei, Bigotterie, Intrige. Eine Apologie. In: Volmerg, B., Leithäuser, T., Neuberger, O., Ortmann, G. & Sievers, B. (Hrsg.): Nach allen Regeln der Kunst. Macht und Geschlecht in Organisationen. Freiburg (Kore), 99-136.

Peemöller, Volker (1978): Management Auditing. Unternehmensführung und betriebliches Prüfungswesen. Berlin (Duncker & Humblot)

Peters, Tom & Waterman, Robert (1982): In Search of Excellence. New York (Harper & Row)

Pfaller, Petra (1993): Feedback im 360°-Radius. Management & Seminar 10, 16-17

Pittner, Peter (1995): Lufthansa: Freiwilliges Feedback für Führungskräfte. In: Hofmann, K., Köhler, F. & Steinhoff, V. (Hrsg.): Vorgesetztenbeurteilung in der Praxis. Konzepte, Analysen, Erfahrungen. Weinheim (Beltz/PsychologieVerlagsUnion), 123-129

Pittner, Peter (1997): Mitarbeiterbefragungen – Vertane Chancen? Eine Synopse von Befragungen im Lufthansa-Konzern. In: Bungard, W. & Jöns, I. (Hrsg.) (1997): Mitarbeiterbefragung. Ein Instrument des Innovations- und Qualitätsmanagements. Weinheim (Beltz/PsychologieVerlagsUnion), 284-293

Reichel, Thomas (1995): Karstadt: Führungsleitlinien und die Beurteilung 'von unten'. In: Hofmann, K., Köhler, F. & Steinhoff, V. (Hrsg.): Vorgesetztenbeurteilung in der Praxis. Konzepte, Analysen, Erfahrungen. Weinheim (Beltz/PsychologieVerlagsUnion), 131-136

Reinermann, Heinrich & Unland, Holger (Hrsg.) (1997): Die Beurteilung. Vom Ritual zum Personalmanagement. Baden-Baden (Nomos)

Retz, Christian (1997): Führungskräftebeurteilung von unten. Personalwirtschaft (2), 18-19

Rieker, Jochen (1994): Gute Noten. Vorgesetztenbeurteilung. Manager Magazin (9), 180-189

Rieker-Bless, Ilse (1995): ABB Schaltanlagen: Vorgesetztenbeurteilung im Rahmen einer Mitarbeiterbefragung. In: Hofmann, K., Köhler, F. & Steinhoff, V. (Hrsg.): Vorgesetztenbeurteilung in der Praxis. Konzepte, Analysen, Erfahrungen. Weinheim (Beltz/PsychologieVerlagsUnion), 145-153

Rübling, Gerhard (1988): Verfahren und Funktionen der Leistungsbeurteilung in Unternehmen. Konstanz (Hartung-Gorre)

Scheinpflug, Rita (1995): Rückmeldung der Ergebnisse an die Beurteilten. In: Hofmann, K., Köhler, F. & Steinhoff, V. (Hrsg.) (1995): Vorgesetztenbeurteilung in der Praxis. Konzepte, Analysen, Erfahrungen. Weinheim (Beltz/PsychologieVerlagsUnion), 67-73

Schettgen, Peter (1992): Über den Hinter-Sinn der Mitarbeiterbeurteilung. Eine Kritik aus unternehmenskultureller Perspektive. In: Selbach, R. & Pullig, K.-K. (Hrsg.): Handbuch Mitarbeiterbeurteilung. Wiesbaden (Gabler) 107-141

Schettgen, Peter (1993): Personalbeurteilung zwischen systemischer Kontrolle und widerborstiger Subjektivität. In: v. Loewenfeld, W. (Hrsg.): Die Beurteilung. Vom Ritual zum sozialen Management im öffentlichen Dienst. Stuttgart (Courier), 45-80

Schirmer, Siegfried & König, Ralf (1998): Feedback im offenen Dialog. Personalführung (2), 46-50

Schöning, Helmuth (1996): Managementkompetenzeinschätzung ohne Übungen: Erweiterung des 360 Grad-Feedbacks. In: Sarges, W. (Hrsg.): Weiterentwicklungen der Assessment Center-Methode. Göttingen (Verlag für Angewandte Psychologie)

Schöning, Helmuth (1998): Vom Assessment Center zum Competencies Review. Neue Strukturen für das Development-AC und das 360°-Feedback im Management Assessment bei der Beiersdorf AG. Personalführung (2), 36-41

Schuler, Heinz (1978): Leistungsbeurteilung in Organisationen. In: Mayer, A. (Hrsg.): Organisationspsychologie. Stuttgart (Poeschel), 137-168

Schuler, Heinz (1991): Der Funktionskreis 'Leistungsförderung' – eine Skizze. In: Schuler, H. (Hrsg.): Beurteilung und Förderung beruflicher Leistung. Stuttgart (Verlag für Angewandte Psychologie), 171-189

Schwäbisch, Lutz & Siems, Martin (1976): Anleitung zum sozialen Lernen für Paare, Gruppen und Erzieher. Kommunikations- und Verhaltenstraining. Reinbek (Rowohlt)

Seitz, Simone (1997): Aufgabenorientierte Leistungsbeurteilung und Organisationsentwicklung. Ein Beitrag zur Lernenden Organisation. Lohmar u. Köln

Simon, Herbert A. (1957): Models of Man. Social and Rational. New York (Wiley)

Slater, Robert (1997): "Business is simple". Die 31 Erfolgsgeheimnisse von Jack Welch. Landsberg (moderne industrie)

Smither, J., London, M., Vasilopoulos, N., Reilly, R., Millsap, R., Salvemini, N. (1995): An Examination of the Effects of an Upward Feedback Program over Time. Personnel Psychology 48, 1-34

Sprenger, Reinhard K. (1995): Die blinden Flecken der Vorgesetztenbeurteilung. In: Hofmann, K., Köhler, F. & Steinhoff, V. (Hrsg.) (1995): Vorgesetztenbeurteilung in der Praxis. Konzepte, Analysen, Erfahrungen. Weinheim (Beltz/PsychologieVerlagsUnion), 217-223

Sprenger, Reinhard K. (1997): Wie geht's? In: Bungard, W. & Jöns, I. (Hrsg.) (1997): Mitarbeiterbefragung. Ein Instrument des Innovations- und Qualitätsmanagements. Weinheim (Beltz/PsychologieVerlagsUnion), 435-440

Stiefel, Rolf (1995): Vorgesetztenbeurteilung. Konzeptionelles Vorgehen mit einem konkreten Fragebogen. Management-Andragogik und Organisationsentwicklung (MAO) 17 (3), 3-8

Stiefel, Rolf (1997): 360°-Feedback: Wollen sie zu den Innovatoren oder Nachzüglern gehören? Management-Andragogik und Organisationsentwicklung (MAO) 19 (3), 11-14

Stiefel, Rolf (1997): Komponenten eines Upward Feedback-Programms. Management-Andragogik und Organisationsentwicklung (MAO) 19 (2), 39-42

Stiefel, Rolf (1997): Upward Feedback-Programme und 360°-Feedback – Eine begriffliche Klärung. Management-Andragogik und Organisationsentwicklung (MAO) 19 (2), 20-22

Theunert, Manfred & Hezel, Heidrun (1995): In: Hofmann, K., Köhler, F. & Steinhoff, V. (Hrsg.): Vorgesetztenbeurteilung in der Praxis. Konzepte, Analysen, Erfahrungen. Weinheim (Beltz/PsychologieVerlagsUnion), 167-175

Thönnessen, Johannes (1999): Mitarbeiter beurteilen ihre Chefs – das Beispiel Bayer. Harvard Business Manager (5), 99-106

Townley, Barbara (1999): Practical Reason and Performance Appraisal. Journal of Management Studies 36 (3), 288-306

Trost, Armin (1997): Das Antwortverhalten befragter Mitarbeiter – eine kognitionspsychologische Perspektive. In: Bungard, W. & Jöns, I. (Hrsg.) (1997): Mitarbeiterbefragung. Ein Instrument des Innovations- und Qualitätsmanagements. Weinheim (Beltz/-PsychologieVerlagsUnion), 130-147

Van Velsor, Ellen & Leslie, Jean B. (1991) Feedback to Managers. Vol. 2: A Review and Comparison of Sixteen Multi-rater Feedback Instruments. Greensboro (Center for Creative Leadership)

Van Velsor, Ellen, Taylor, Sylvester & Leslie, Jean B. (1993): An Examination of the Relationships among Self-Perception Accuracy, Self-Awareness, Gender, and Leader Effectiveness. Human Resource Management 32 (2&3), 249-263

Vroom, Victor (1964): Work and Motivation. New York (Wiley)

Wahren, Heinz-Kurt (1999): Ziele vereinbaren mit Mitarbeitern und Gruppen. Eschborn (RKW)

Walsh, Ian & Weber, Gero (Hrsg.) (1996): Management Audit. Anforderungen und Profile im Zeitalter der schlanken Führung. Göttingen (Verlag für Angewandte Psychologie)

Warburg, Wolfgang (1997): Modernes Personalmanagement als Chance für die Verwaltungsreform. In: Reinermann, H. & Unland, H. (Hrsg.): Die Beurteilung. Vom Ritual zum Personalmanagement. Baden-Baden (Nomos), 35-45

Ward, P. (1995): 360-Grad-Feedback: Das Multiratersystem 'Benchmarks' von Lombardo und McCauley (1996). Zeitschrift für Arbeits- und Organisationspsychologie 43 (2), 102-106

Watson-Wyatt (1997): Maßstäbe für Vergütung und Leistungsbeurteilung. Personalwirtschaft (10), 34-37

Weider, Petra C. (1995): Das 360°-Feedback in einem europäischen Versicherungsunternehmen. In: Hofmann, K., Köhler, F. & Steinhoff, V. (Hrsg.): Vorgesetztenbeurteilung in der Praxis. Konzepte, Analysen, Erfahrungen. Weinheim (Beltz/PsychologieVerlagsUnion), 159-166

Wiendieck, Gerd (1997): Führungskräfte im Urteil ihrer Mitarbeiter - Ein Erfahrungsbericht. In: Bungard, W. & Jöns, I. (Hrsg.) (1997): Mitarbeiterbefragung. Ein Instrument des Innovations- und Qualitätsmanagements. Weinheim (Beltz/PsychologieVerlags-Union), 386-398

Wimmer, Peter & Neuberger, Oswald (1998): Personalwesen 2. Stuttgart (Enke)

Zander, Ernst & Knebel, Heinz (1993): Praxis der Leistungsbeurteilung. Heidelberg (Sauer)

Zeitz, Arndt (1998): Das Survey-Feedback als Führungsinstrument zur Gestaltung strategiegeleiteter Veränderungsprozesse in großen Organisationen. Frankfurt (Lang)

# 8. Autorenverzeichnis

# 9. Stichwortverzeichnis

# Schriftenreihe ORGANISATION & PERSONAL

herausgegeben von Oswald Neuberger

*Ain Kompa:* **Assessment Center. Bestandsaufnahme und Kritik**
Band 1, ISBN 3-87988-389-0, Rainer Hampp Verlag, 6., verb. Aufl., München und Mering 1999, 83 S., DM 27.00; EURO 13.80

*Anke Hanft:* **Identifikation als Einstellung zur Organisation. Eine kritische Analyse aus interaktionistischer Perspektive**
Band 2, ISBN 3-87988-016-6, Rainer Hampp Verlag, München und Mering 1991, 196 S., DM 36.80

*Ulrike Reisach:* **Markt- und Mitarbeiterorientierung von Kreditinstituten. Eine personalwirtschaftliche Analyse der Wechselwirkungen**
Band 4, ISBN 3-87988-087-5, Rainer Hampp Verlag, München und Mering 1994, 312 S., DM 58.80

*Oswald Neuberger:* **Mobbing. Übel mitspielen in Organisationen**
Band 5, ISBN 3-87988-339-4, Rainer Hampp Verlag, 3., verb. und wesentlich erw. Aufl., München und Mering 1999, 256 S., DM 38.60, EURO 19.80

*Ruth Beisel:* **Synergetik und Organisationsentwicklung. Eine Synthese auf der Basis einer Fallstudie aus der Automobilindustrie**
Band 6, ISBN 3-87988-154-4, Rainer Hampp Verlag, 2., verb. Aufl., München und Mering 1996, 370 S., DM 59.80

*Thomas Bucksteeg:* **Vergütungspolitik in Banken. Eine empirische Untersuchung im Kundenbetreuungsbereich von Banken**
Band 7, ISBN 3-87988-099-9, Rainer Hampp Verlag, München und Mering 1994, 275 S., DM 46.80

*Berndt Schwandt:* **„Erzähl mir nix" - Gesprächsverlauf und Regelaushandlung in den Besprechungen von Industriemeistern**
Band 8, ISBN 3-87988-126-X, Rainer Hampp Verlag, München und Mering 1995, 316 S., DM 49.80

## *Oswald Neuberger:* **Mobbing. Übel mitspielen in Organisationen**

*Schriftenreihe ORGANISATION & PERSONAL*, hrsg. von Oswald Neuberger, Band 5
ISBN 3-87988-339-4, Rainer Hampp Verlag, 3., verb. und wesentlich erw. Aufl., München u.
Mering 1999, 256 S., DM 38.60 (EURO 19.80)

Mobbing ist ein Sammelbegriff für feindseliges, drangsalierendes und schikanie-
rendes Verhalten in der Arbeitswelt. Weil in der Mobbing-Literatur keine Übereinstimmung über das Begriffsverständnis besteht, werden zunächst verschiedene De-
finitionsansätze vorgestellt und analysiert. Daran schließt sich ein Überblick über
empirische Resultate der Mobbing-Forschung an, wobei insbesondere auf Fragen
der Verbreitung von Mobbing, Verlaufsformen, Maßnahmen gegen Mobbing und
deren Bewährung eingegangen wird (einen Schwerpunkt bildet die rechtliche
Thematik). Für die Mobbing-Analyse wird ein Erfassungssystem entworfen, das
zwischen einem 'Täter-Angriffs-Repertoire' und einem 'Opfer-Aktions-
Repertoire' unterscheidet und auch Ressourcen, Mobbing-Strukturen und Mob-
bing-Lernen berücksichtigt.

Mobbing wird als allgegenwärtiger Aspekt organisierten sozialen Handelns gesehen und aus verschiedenen theoretischen Perspektiven analysiert. Einer dieser Zugänge – der mikropolitische – wird ausführlicher behandelt. Auf der Grundlage der
Mobbingdefinition „Jemandem wird übel mitgespielt und man spielt wohl oder
übel mit" wird Mobbing als komplexes Interaktionsgeschehen rekonstruiert. In einem umfangreichen Anhang sind Analyseschemata, Fallgeschichten, relevante Ge-
setzesbestimmungen und Reaktionen auf die Kritik an früheren Auflagen dieses
Buchs zusammengestellt.

## *Ain Kompa:* **Assessment Center. Bestandsaufnahme und Kritik**

Reihe ORGANISATION & PERSONAL, hrsg. von Oswald Neuberger, Bd. 1
ISBN 3-87988-389-0, Rainer Hampp Verlag, 6., verb.. Aufl., München u. Mering 1999, 83 S.,
DM 27.00, EURO 13.80

Assessment Centers gelten gemeinhin als das Mittel zur Potential-Erkennung und Füh-
rungskräfte-Auswahl. Mit diesem allzu naiven Glauben an Assessment Center setzt
sich der Autor auseinander. Und der Erfolg des Buches zeigt, daß er damit einen emp
findlichen Nerv trifft.

Ain Kompa betrachtet das Assessment Center nicht nur als eine rein technische Prozedur zur Diagnose von Führungspotential, sondern ebenso als Instrument, mit dem Probleme der Herrschaftssicherung in Organisationen gelöst werden sollen.

Es wird gezeigt, wie durch technische Gestaltung des Verfahrens der Anschein von
Rationalität konstruiert wird, durch den die Anerkennung des Verfahrens innerhalb der
Organisation erhöht werden kann. Zudem wird die behauptete überlegene Validität des
Assessment Centers überprüft. Angesichts der aufgezeigten ungelösten Widersprüche
wird die dem Verfahren unterstellte hohe Validität als eine rhetorische Strategie ge-
kennzeichnet, die von der herrschaftsstabilisierenden Funktion ablenkt.

*Jürgen Thömmes:* **Blinde Flecken in der Beurteilungspraxis?**
**Eine systemtheoretisch-empirische Untersuchung zu Methoden der**
**Potentialbeurteilung in Wirtschaftsorganisationen**
*Personalwirtschaftliche Schriften,* hrsg. v. Prof. Dr. Dudo von Eckardstein u. Prof. Dr.
Oswald Neuberger, Band 8
ISBN 3-87988-166-9, Rainer Hampp Verlag, München u. Mering 1996, 277 S., DM 49.80

Verfahren der Potentialbeurteilung wie das Assessment Center sind in deut-
schen Unternehmen weit verbreitet, aber keineswegs unumstritten. Die Praxis
und die wissenschaftliche Kritik haben sich im Laufe der vergangenen Jahre
wechselseitig bereichert. In der vorliegenden Arbeit wird ein Brückenschlag
zwischen systemtheoretischen Perspektiven und qualitativen empirischen Daten
aus der Unternehmenspraxis versucht. Mit Hilfe der Metapher des blinden
Flecks sollen Möglichkeiten des hierarchiefreien Beobachtens entwickelt werden, um die Rolle von Personalentwicklern in den Unternehmen aus einem bisher ungewohnten Blickwinkel neu zu konzipieren: statt Streben nach immer höherer technischer Perfektion in der Selektionspraxis Übernahme unternehmensinterner Consulting-Funktionen. Wer bereit ist, seine eigene Praxis auch
einmal mit den Augen eines Außenstehenden wahrzunehmen, wird sehen, was
er im Alltag möglicherweise nur ahnt: seine blinden Flecken in diversen Ent-
scheidungsprozessen. Eine solche Distanz kann niemals in die operative Entscheidung selbst eingebaut werden. Doch sie könnte zu einem Impuls für die
Neupositionierung der Funktionen Personal- und Führungskräfteentwicklung
im Netzwerk von Stäben und Linien werden.

*Peter Heintel, Klaus Götz:* **Das Verhältnis von Institution und Organisation.**
**Zur Dialektik von Abhängigkeit und Zwang**
Managementkonzepte, hrsg. von Klaus Götz, Band 7
ISBN 3-87988-395-5, Rainer Hampp Verlag, München u. Mering 1999, Hardcover, 288 S.,
DM 38.25, EURO 19.55

Die Institution ist diejenige gesellschaftliche Einrichtung, die historische Antworten auf menschliche Grundwidersprüche verwaltet. Die tätige Seite des
Menschen tritt in der Organisation zu Tage und macht den eigentlichen Unterschied zwischen der Organisation und der Institution. Organisationen versuchen
Antworten auf die Grundwidersprüche und -bedürfnisse des Menschen zu geben. Sie leisten dies über diverse Komplexitätsreduktionen. Die Antworten sind
je nach Gesellschaft und menschheitsgeschichtlichem Entwicklungsstand verschieden. Während die Institution die unaufhebbaren Widersprüche verwaltet,
zeigt sich in den Organisationen direkt und indirekt die Endlichkeit und Histo-
rizität der Antworten. Der Grundwiderspruch drückt sich als permanenter Ge-
gensatz zwischen Organisation und Institution aus, denn „Wo Leben ist, ist Wi-
derspruch".